"Tudo aquilo que sou, ou pretendo ser, devo a um anjo: minha mãe."

—Abraham Lincoln

Introdução

Será que existe um melhor conselho para enfrentarmos os desafios do dia a dia do que este que encontramos em 1 Crônicas 16:11? "Procurem a ajuda do Senhor; estejam sempre na sua presença."

Somos tão gratas a ti Senhor, pois estás sempre pronto
a nos ouvir e amparar. És o nosso refúgio.
Concede-nos a Tua presença.

É tão bom buscar a Tua presença Senhor,
seja no alvorecer ou no crepúsculo. És onipresente e para
encontrar-te precisamos apenas nos colocarmos diante do Teu trono.
Ouvimos e reconhecemos a Tua voz nas Escrituras,
pois as inspiraste e és o nosso socorro em todas as circunstâncias.
Concede-nos o privilégio de buscar-te sempre.

Queremos ser fortes! Ser respeitadas! Não temer o futuro!
Queremos falar com sabedoria e delicadeza e pensar em tudo
o que é justo, respeitável, puro, amável e de boa fama, para que
tudo isso se reflita em nossas atitudes e em nosso lar, Senhor.
Concede-nos a sabedoria que vem do alto.

Que o nosso amor por ti cresça cada vez mais e que tenhamos
sabedoria e discernimento, para compreender o Teu amor
e permitir que nos uses como instrumentos em Tuas mãos.

Queremos demonstrar a Tua presença em nosso andar diário.
Que nossos filhos possam ver a imagem de Cristo em nós.
Concede-nos viver em santidade.

Sabendo que o Teu amor une perfeitamente todas as coisas,
ensina-nos a aceitar o nosso próximo, como o Senhor nos aceita.
Ensina-nos a perdoar quantas vezes for necessário.
Ensina-nos a tolerância.

Senhor, tu és a nossa força, nosso baluarte,
nossa rocha firme, nosso socorro, nosso Pai e Consolador.
Queremos conhecer-te melhor e buscar-te diariamente.
Ajuda-nos nesse propósito de separar um tempo de qualidade
para estar contigo, pois temos certeza que o nosso amor e
entendimento por Tua Palavra crescerá em nosso coração
cada vez mais e nos tornaremos mulheres cristãs
maduras e úteis ao Teu reino.

Queremos conhecer e cumprir os Teus propósitos para nós.
Queremos usufruir do privilégio de te conhecer melhor,
e também aprofundar o amor que temos por ti, Senhor.
Queremos usufruir da intimidade contigo
nas entrelinhas das meditações deste Pão Diário
feito especialmente para as mães.

Como o salmista podemos afirmar:
"...o SENHOR é bom; o seu amor dura para sempre,
e a sua fidelidade não tem fim" (Salmo 100:5).

Obrigada, Senhor.

—dos editores de *Pão Diário*

Uma Bíblia bem utilizada é o sinal de que alguém alimentou bem a sua alma.

A bondade do Senhor

Quanto amo a tua lei!…
—SALMO 119:97

Alguns anos atrás li uma peça literária escrita por Sir James Barrie, barão inglês e autor das histórias de Peter Pan e Wendy. Nesta, ele apresenta um retrato intimista de sua mãe, que amava profundamente a Deus e Sua Palavra e que, literalmente, leu sua Bíblia até que esta ficou esfarrapada. "É minha agora", Sir James escreveu, "e as linhas pretas com as quais ela a costurou, fazem parte do conteúdo".

Minha mãe também amava a Palavra de Deus. Ela a leu e nela meditou durante 60 anos ou mais. Guardo a sua Bíblia, bem rasgada e gasta, em lugar de destaque na estante. Cada página manchada está marcada com seus comentários e reflexões. Quando eu era menino, muitas vezes entrava em seu quarto pela manhã e a encontrava balançando sua Bíblia no colo mergulhando em suas palavras. Ela fez isso até o dia em que não podia mais ler suas preciosas páginas. Ainda assim, a Bíblia era o livro mais precioso que ela possuía.

Quando a mãe de Barrie envelheceu, ela já não podia mais ler as palavras de sua Bíblia e o seu esposo a colocava em suas mãos diariamente. Ela a segurava reverentemente.

O salmista escreveu: "Quão doces são as tuas palavras ao meu paladar! Mais que o mel à minha boca" (119:103). Você já experimentou a bondade do Senhor? Abra sua Bíblia hoje. —*DHR*

Leitura bíblica de hoje: Salmo 119:97-104

[97]Quanto amo a tua lei! É a minha meditação, todo o dia! [98]Os teus mandamentos me fazem mais sábio que os meus inimigos; porque, aqueles, eu os tenho sempre comigo. [99]Compreendo mais do que todos os meus mestres, porque medito nos teus testemunhos. [100]Sou mais prudente que os idosos, porque guardo os teus preceitos. [101]De todo mau caminho desvio os pés, para observar a tua palavra. [102]Não me aparto dos teus juízos, pois tu me ensinas. [103]Quão doces são as tuas palavras ao meu paladar! Mais que o mel à minha boca. [104]Por meio dos teus preceitos, consigo entendimento; por isso, detesto todo caminho de falsidade.

As regras da mamãe

…quanto ao trato passado,
vos despojeis do velho homem, que se corrompe…
—EFÉSIOS 4:22

Encontrei uma mulher encantadora, chamada "Mamãe Carla", que criou cerca de uma dúzia de filhos adotivos. Esses jovens lhe foram designados pelo Poder Judiciário e ela lhes deu um lar com estabilidade, orientação e amor. Ela me contou que, cada vez que uma nova criança chegava, a primeira coisa era explicar as "Regras da mamãe". Elas incluíam os padrões de comportamento, as tarefas que faziam parte da ajuda muito necessária na casa e ensinavam responsabilidade às crianças que não possuíam muita instrução anterior.

Algumas crianças podem até ter recusado, em algum momento, a cumprir as "Regras da mamãe", pensando que elas lhes roubavam a diversão ou o prazer — mas, nada disso poderia estar mais longe da verdade. Aqueles padrões previamente estabelecidos permitiam que a casa ficasse organizada, e nela a mãe e as crianças podiam sentir que a vida era agradável e pacífica.

De maneira semelhante, algumas pessoas consideram os padrões estabelecidos por Deus, na Bíblia, como obstáculos que nos impedem de desfrutar a vida. Contudo, os limites impostos por Deus nos protegem de nossas piores inclinações e criam reações saudáveis a Ele.

Em Efésios 4, por exemplo, Paulo nos fornece algumas orientações a respeito de como devemos viver. Ao vivermos segundo essas e outras instruções amorosas de Deus, encontraremos a proteção e a oportunidade de experimentar a alegria verdadeira e duradoura. —*WEC*

Leitura bíblica de hoje: Efésios 4:17-32

[17]Isto, portanto, digo e no Senhor testifico que não mais andeis como também andam os gentios, na vaidade dos seus próprios pensamentos, [18]obscurecidos de entendimento, alheios à vida de Deus por causa da ignorância em que vivem, pela dureza do seu coração, [19]os quais, tendo-se tornado insensíveis, se entregaram à dissolução para, com avidez, cometerem toda sorte de impureza. [20]Mas não foi assim que aprendestes a Cristo, [21]se é que, de fato, o tendes ouvido e nele fostes instruídos, segundo é a verdade em Jesus, [22]no sentido de que, quanto ao trato passado, vos despojeis do velho homem, que se corrompe segundo as concupiscências do engano, [23]e vos renoveis no espírito do vosso entendimento, [24]e vos revistais do novo homem, criado segundo Deus, em justiça e retidão procedentes da verdade.

[25]Por isso, deixando a mentira, fale cada um a verdade com o seu próximo, porque somos membros uns dos outros. [26]Irai-vos e não pequeis; não se ponha o sol sobre a vossa ira, [27]nem deis lugar ao diabo. [28]Aquele que furtava não furte mais; antes, trabalhe, fazendo com as próprias mãos o que é bom, para que tenha com que acudir ao necessitado. [29]Não saia da vossa boca nenhuma palavra torpe, e sim unicamente a que for boa para edificação, conforme a necessidade, e, assim, transmita graça aos que ouvem. [30]E não entristeçais o Espírito de Deus, no qual fostes selados para o dia da redenção. [31]Longe de vós, toda amargura, e cólera, e ira, e gritaria, e blasfêmias, e bem assim toda malícia. [32]Antes, sede uns para com os outros benignos, compassivos, perdoando-vos uns aos outros, como também Deus, em Cristo, vos perdoou.

Ser mãe é exercer uma sagrada parceria com Deus.

Épocas da vida

Tudo tem o seu tempo determinado,
e há tempo para todo propósito debaixo do céu.
—ECLESIASTES 3:1

Quando eu era pastor, tive a oportunidade de ministrar a muitas mulheres que eram mães. Eu as visitava no hospital e me alegrava com elas por seus preciosos bebês que vieram ao mundo. Aconselhava as mães mais ansiosas e tentava garantir-lhes que Deus estava cuidando de seus adolescentes rebeldes. Ficava junto a elas à beira do leito de filhos feridos ou doentes e sentia suas dores. Chorava com elas em seu luto quando um filho ou filha morria.

Maria, a mãe de Jesus, também vivenciou momentos de alegria e tristeza. Que alegria ela deve ter sentido quando o seu bebê veio ao mundo — Cristo nasceu! (Lucas 2:7). Que entusiasmo quando os pastores e, depois, os reis magos vieram adorá-lo (vv.8-20; Mateus 2:1-12). Que inquietação quando Simeão profetizou que uma espada traspassaria a sua alma (Lucas 2:35). E que dor pesarosa quando Maria viu seu Filho morrer na cruz (João 19:25-30)! Mas, seus tempos de ser mãe não terminaram com aquela cena terrível. Ela se regozijou por Ele ter ressurgido do túmulo.

As mães, e todos nós, vivenciamos grandes alegrias e intensas tristezas. E quando submetemos a nossa vida ao Senhor, nossas experiências do dia a dia podem servir aos Seus eternos propósitos. —HVL

Leitura bíblica de hoje: Lucas 2:6-7,25-35

[6]Estando eles ali, aconteceu completarem-se-lhe os dias, [7]e ela deu à luz o seu filho primogênito, enfaixou-o e o deitou numa manjedoura, porque não havia lugar para eles na hospedaria. [25]Havia em Jerusalém um homem chamado Simeão; homem este justo e piedoso que esperava a consolação de Israel; e o Espírito Santo estava sobre ele. [26]Revelara-lhe o Espírito Santo que não passaria pela morte antes de ver o Cristo do Senhor. [27]Movido pelo Espírito, foi ao templo; e, quando os pais trouxeram o menino Jesus para fazerem com ele o que a Lei ordenava, [28]Simeão o tomou nos braços e louvou a Deus, dizendo:

[29]Agora, Senhor, podes despedir em paz o teu servo, segundo a tua palavra; [30]porque os meus olhos já viram a tua salvação, [31]a qual preparaste diante de todos os povos: [32]luz para revelação aos gentios, e para glória do teu povo de Israel. [33]E estavam o pai e a mãe do menino admirados do que dele se dizia. [34]Simeão os abençoou e disse a Maria, mãe do menino: Eis que este menino está destinado tanto para ruína como para levantamento de muitos em Israel e para ser alvo de contradição [35](também uma espada traspassará a tua própria alma), para que se manifestem os pensamentos de muitos corações.

A corrida cristã não é de curta distância — é uma maratona.

Linha de chegada

Combati o bom combate,
completei a carreira, guardei a fé.
—2 TIMÓTEO 4:7

Quando Jônatas descobriu que a saúde de sua mãe estava se deteriorando muito rapidamente, ele imediatamente tomou um avião para estar com ela. Sentou-se ao seu lado, segurou-lhe a mão, cantou hinos e a consolou, expressando-lhe todo o seu amor. No culto após a morte dela, muitos lhe disseram como a sua mãe havia sido uma bênção. Ela tinha o dom do ensino da Bíblia, aconselhava outros e liderava grupos de oração. Estas eram partes vitais do seu serviço a Cristo até muito perto do fim de sua vida. A mãe de Jônatas terminou sua caminhada de modo fiel e digno ao lado de Cristo.

Para honrá-la, Jônatas decidiu participar de uma corrida de 42 quilômetros. Durante o percurso, ele agradeceu a Deus pela vida de sua mãe e lamentou por sua perda. Quando cruzou a linha de chegada, Jônatas apontou o seu dedo indicador para o céu, dizendo: "Onde minha mãe está". Ela havia honrado Cristo até o fim, o que trouxe à sua mente as palavras do apóstolo Paulo: "Combati o bom combate, completei a carreira, guardei a fé. Já agora a coroa da justiça me está guardada, a qual o Senhor, reto juiz, me dará naquele Dia…" (2 Timóteo 4:7,8).

Estamos numa "maratona". Corramos de forma que possamos obter o prêmio da "coroa incorruptível" (1 Coríntios 9:25). O que poderia ser mais desejável do que chegar ao fim de modo digno de Cristo e estar com Ele para sempre? *—HDF*

Leitura bíblica de hoje: 2 Timóteo 4:1-8

[1]Conjuro-te, perante Deus e Cristo Jesus, que há de julgar vivos e mortos, pela sua manifestação e pelo seu reino: [2]prega a palavra, insta, quer seja oportuno, quer não, corrige, repreende, exorta com toda a longanimidade e doutrina. [3]Pois haverá tempo em que não suportarão a sã doutrina; pelo contrário, cercar-se-ão de mestres segundo as suas próprias cobiças, como que sentindo coceira nos ouvidos; [4]e se recusarão a dar ouvidos à verdade, entregando-se às fábulas. [5]Tu, porém, sê sóbrio em todas as coisas, suporta as aflições, faze o trabalho de um evangelista, cumpre cabalmente o teu ministério. [6]Quanto a mim, estou sendo já oferecido por libação, e o tempo da minha partida é chegado. [7]Combati o bom combate, completei a carreira, guardei a fé. [8]Já agora a coroa da justiça me está guardada, a qual o Senhor, reto juiz, me dará naquele Dia; e não somente a mim, mas também a todos quantos amam a sua vinda.

O amor de Deus por nós é maior do que as nossas dificuldades.

Escolha

…o qual, passando pelo vale árido, faz dele um manancial; de bênçãos o cobre a primeira chuva.
—SALMO 84:6

Entre antigas casas e novos comércios, uma piscina antiga parece bem deslocada. As construções adjacentes caem por negligência. O conteúdo lamacento coberto por algas transforma a água fresca e revigorante dos verões juvenis perdidos no passado. Mas há a esperança. Nessa mesma rua, a natureza resiste à passagem do tempo. Uma fonte natural com inesgotável fluxo de água fresca está coberta e escondida por arbustos e videiras.

Os salmistas conheceram tempos de intimidade com o Senhor, e momentos difíceis (Salmo 42:3). Tinham esperança na presença de Deus e estavam convencidos da soberania divina. "Pois um dia nos teus átrios vale mais que mil; prefiro estar à porta da casa do meu Deus, a permanecer nas tendas da perversidade" (84:10).

Não somos vítimas das circunstâncias. Mas podemos permitir que a amargura drene a nossa esperança (Hebreus 12:15) e crer que Deus nos chamou para um trabalho penoso (Números 21:5).

Não há ninguém como o nosso Deus. Aqueles que são fortalecidos por Ele o adoram acima de tudo e passam "pelo vale árido" (Salmo 84:5,6): lugar de rendição, que nos ensina que a submissão libera a presença de Deus em nossa vida. Diferentemente da amarga água da chuva na velha piscina, o nosso coração se enche com a água revitalizante, quando o louvamos. E o que parece ser um tremendo caos revela fontes ocultas de vida. —*RF*

Leitura bíblica de hoje: Salmo 84:1-12

¹Quão amáveis são os teus tabernáculos, Senhor dos Exércitos! ²A minha alma suspira e desfalece pelos átrios do Senhor; o meu coração e a minha carne exultam pelo Deus vivo! ³O pardal encontrou casa, e a andorinha, ninho para si, onde acolha os seus filhotes; eu, os teus altares, Senhor dos Exércitos, Rei meu e Deus meu! ⁴Bem-aventurados os que habitam em tua casa; louvam-te perpetuamente. ⁵Bem-aventurado o homem cuja força está em ti, em cujo coração se encontram os caminhos aplanados, ⁶o qual, passando pelo vale árido, faz dele um manancial; de bênçãos o cobre a primeira chuva. ⁷Vão indo de força em força; cada um deles aparece diante de Deus em Sião. ⁸Senhor, Deus dos Exércitos, escuta-me a oração; presta ouvidos, ó Deus de Jacó! ⁹Olha, ó Deus, escudo nosso, e contempla o rosto do teu ungido. ¹⁰Pois um dia nos teus átrios vale mais que mil; prefiro estar à porta da casa do meu Deus, a permanecer nas tendas da perversidade. ¹¹Porque o Senhor Deus é sol e escudo; o Senhor dá graça e glória; nenhum bem sonega aos que andam retamente. ¹²Ó Senhor dos Exércitos, feliz o homem que em ti confia.

A disciplina de Deus é a disciplina do amor.

Lição da dor de dente

É para disciplina que perseverais
(Deus vos trata como filhos);
pois que filho há que o pai não corrige?
—HEBREUS 12:7

C. S. Lewis escreveu em seu livro clássico *Cristianismo Puro e Simples* (Ed. Martins Fontes, 2005). "Quando criança, eu tinha muita dor de dente, e sabia que, se me queixasse à minha mãe, ela me daria algo que faria passar a dor naquela noite e me deixaria dormir. Porém, eu não me queixava, ou só o fazia quando a dor se tornava insuportável. Sabia que, na manhã seguinte, ela me levaria ao dentista. Eu não podia obter dela o que queria sem obter também outra coisa, que não queria. Queria o alívio imediato da dor; mas, para ter isso, teria de submeter meus dentes ao tratamento completo."

Do mesmo modo, talvez nem sempre desejemos ir a Deus de pronto, quando temos um problema ou lutamos em certa área. Sabemos que Ele poderia prover o alívio imediato para nossa dor, no entanto, está mais preocupado em lidar com a raiz do problema. Podemos ter medo de que o Senhor revele questões com as quais estamos despreparados ou indispostos para lidar.

Em momentos como estes, é bom nos lembrarmos de que o Senhor nos "… trata como filhos…" (Hebreus 12:7). Sua disciplina, ainda que eventualmente dolorosa, é sábia; e o Seu toque é amoroso. Deus nos ama demais para nos deixar permanecer como estamos; e Ele quer nos moldar à imagem de Seu Filho, Jesus (Romanos 8:29). Podemos confiar nos propósitos de amor de Deus mais do que em qualquer um de nossos medos. —*PFC*

Leitura bíblica de hoje: Hebreus 12:3-11

[3]Considerai, pois, atentamente, aquele que suportou tamanha oposição dos pecadores contra si mesmo, para que não vos fatigueis, desmaiando em vossa alma. [4]Ora, na vossa luta contra o pecado, ainda não tendes resistido até ao sangue [5]e estais esquecidos da exortação que, como a filhos, discorre convosco: Filho meu, não menosprezes a correção que vem do Senhor, nem desmaies quando por ele és reprovado; [6]porque o Senhor corrige a quem ama e açoita a todo filho a quem recebe. [7]É para disciplina que perseverais (Deus vos trata como filhos); pois que filho há que o pai não corrige? [8]Mas, se estais sem correção, de que todos se têm tornado participantes, logo, sois bastardos e não filhos. [9]Além disso, tínhamos os nossos pais segundo a carne, que nos corrigiam, e os respeitávamos; não havemos de estar em muito maior submissão ao Pai espiritual e, então, viveremos? [10]Pois eles nos corrigiam por pouco tempo, segundo melhor lhes parecia; Deus, porém, nos disciplina para aproveitamento, a fim de sermos participantes da sua santidade. [11]Toda disciplina, com efeito, no momento não parece ser motivo de alegria, mas de tristeza; ao depois, entretanto, produz fruto pacífico aos que têm sido por ela exercitados, fruto de justiça.

Os cristãos são fortes quando não estão sozinhos.

Com boa aparência!

*Consideremo-nos também uns aos outros,
para nos estimularmos ao amor e às boas obras.*
—HEBREUS 10:24

Certo dia, após experimentar os meus novos óculos de sol no carro, minha filha os entregou de volta e disse: "Estes não são óculos de sol, mamãe. São apenas lentes da moda. Deixe-me adivinhar", provocou ela, "você os comprou porque fica bonitinha com eles".

É isso mesmo, preciso admitir — minha filha me conhece. Não tinha sequer pensado em raios UV ou, até mesmo, se aqueles óculos realmente bloqueariam o sol. Simplesmente tinha gostado do meu visual com eles.

A maioria de nós gosta de ter boa aparência. Queremos parecer "que está com tudo em cima" — sem lutas, medos, tentações ou tristezas.

Tentar manter uma fachada de perfeição em nossa jornada espiritual não ajuda nem a nós, nem aos nossos companheiros de viagem. Mas compartilhar a nossa vida com outras pessoas do Corpo de Cristo nos beneficia e também aos outros. Quando somos um pouco mais transparentes, podemos encontrar outras pessoas que enfrentam situações semelhantes. E, quando desfrutamos de uma comunhão cada vez maior com o Senhor e nos tornamos mais conscientes de nossa própria fragilidade e inadequação, Deus pode nos usar mais plenamente para ajudar aos outros.

Permitamos que Deus nos prive de qualquer pretensão egoísta e: "Consideremo-nos também uns aos outros, para nos estimularmos ao amor e às boas obras" (Hebreus 10:24). —*CHK*

Leitura bíblica de hoje: Hebreus 10:19-25

[19]Tendo, pois, irmãos, intrepidez para entrar no Santo dos Santos, pelo sangue de Jesus, [20]pelo novo e vivo caminho que ele nos consagrou pelo véu, isto é, pela sua carne, [21]e tendo grande sacerdote sobre a casa de Deus, [22]aproximemo-nos, com sincero coração, em plena certeza de fé, tendo o coração purificado de má consciência e lavado o corpo com água pura.

[23]Guardemos firme a confissão da esperança, sem vacilar, pois quem fez a promessa é fiel. [24]Consideremo-nos também uns aos outros, para nos estimularmos ao amor e às boas obras. [25]Não deixemos de congregar-nos, como é costume de alguns; antes, façamos admoestações e tanto mais quanto vedes que o Dia se aproxima.

Quando você conta as suas bênçãos, o louvor a Deus surge naturalmente.

Permita-me cantar

Todo ser que respira louve ao Senhor, Aleluia!
—SALMO 150:6

Quando perguntei a um amigo como a mãe dele estava, ele me confidenciou que a demência tinha lhe roubado a sua habilidade de lembrar-se de muitos nomes e acontecimentos do passado. Mas acrescentou: "Mesmo assim, ela ainda pode sentar-se ao piano e, sem a partitura, tocar lindamente os hinos decorados."

Platão e Aristóteles escreveram sobre o poder curador da música há 2500 anos. Mas séculos antes disso, o relato bíblico já estava repleto com música.

Desde a primeira menção a Jubal, "…pai de todos os que tocam harpa e flauta" (Gênesis 4:21), até aqueles que "…entoavam o cântico de Moisés, servo de Deus, e o cântico do Cordeiro" (Apocalipse 15:3), as páginas da Bíblia ressoam com música. Os salmos, muitas vezes chamados de "livros de cânticos da Bíblia", mostram-nos o amor e a fidelidade de Deus. Eles se encerram com um chamado incessante à adoração: "Todo ser que respira louve ao Senhor. Aleluia!" (Salmo 150:6).

Hoje, precisamos do ministério da música de Deus em nosso coração como em qualquer momento da história. Independentemente do que cada dia trouxer, que a noite nos encontre cantando: "A ti, força minha, cantarei louvores, porque Deus é meu alto refúgio, é o Deus da minha misericórdia" (59:17).

—*DCM*

Leitura bíblica de hoje: Salmo 150

[1]Aleluia! Louvai a Deus no seu santuário; louvai-o no firmamento, obra do seu poder. [2]Louvai-o pelos seus poderosos feitos; louvai-o consoante a sua muita grandeza. [3]Louvai-o ao som da trombeta; louvai-o com saltério e com harpa. [4]Louvai-o com adufes e danças; louvai-o com instrumentos de cordas e com flautas. [5]Louvai-o com címbalos sonoros; louvai-o com címbalos retumbantes. [6]Todo ser que respira louve ao SENHOR. Aleluia!

Quando oramos, Deus pode tranquilizar o nosso coração e aquietar a nossa mente.

Pronto para orar

*Ao meu coração me ocorre: Buscai a minha presença;
buscarei, pois, Senhor, a tua presença.*
—SALMO 27:8

Enquanto viajava de avião com as filhas de 4 e 2 anos, uma jovem mãe se esforçava para mantê-las ocupadas, para que não incomodassem os outros passageiros. Quando a voz do piloto fez um anúncio pelo sistema de som, Catarina, a filha caçula, parou as atividades e abaixou a cabeça. Quando o piloto terminou de falar, ela sussurrou: "Amém". Talvez, por ter ocorrido uma catástrofe natural pouco tempo antes, a menina pensou que o piloto estivesse orando.

Como aquela garotinha, quero um coração que leve rapidamente os meus pensamentos à oração. Acho que seria justo dizer que o salmista Davi tinha esse tipo de coração. Temos pistas disso no Salmo 27, no qual ele fala sobre enfrentar inimigos difíceis (v.2). Davi declarou: "...buscarei, pois, Senhor, a tua presença" (v.8). Alguns dizem que, ao escrever este salmo, Davi estava lembrando-se do tempo em que fugia de Saul (1 Samuel 21:10) ou de seu filho Absalão (2 Samuel 15:13,14). A oração e a dependência em Deus estavam no primeiro plano do pensamento de Davi, e ele descobriu que Senhor era o seu santuário (Salmo 27:4,5).

Nós também precisamos de um santuário. Ler ou orar as palavras deste salmo e de outros pode nos ajudar a desenvolver essa proximidade com o nosso Deus Pai. À medida que Deus se tornar o nosso santuário, voltaremos mais prontamente o nosso coração a Ele em oração. —*AMC*

Leitura bíblica de hoje: Salmo 27:7-14

[7]Ouve, SENHOR, a minha voz; eu clamo; compadece-te de mim e responde-me. [8]Ao meu coração me ocorre: Buscai a minha presença; buscarei, pois, SENHOR, a tua presença. [9]Não me escondas, SENHOR, a tua face, não rejeites com ira o teu servo; tu és o meu auxílio, não me recuses, nem me desampares, ó Deus da minha salvação. [10]Porque, se meu pai e minha mãe me desampararem, o SENHOR me acolherá.

[11]Ensina-me, SENHOR, o teu caminho e guia-me por vereda plana, por causa dos que me espreitam. [12]Não me deixes à vontade dos meus adversários; pois contra mim se levantam falsas testemunhas e os que só respiram crueldade. [13]Eu creio que verei a bondade do SENHOR na terra dos viventes. [14]Espera pelo SENHOR, tem bom ânimo, e fortifique-se o teu coração; espera, pois, pelo SENHOR.

Qualquer ritual pode perder o significado, mas isso não o torna sem significado.

O poder do ritual

...fazei isto em memória de mim.
—1 CORÍNTIOS 11:24

Durante a minha infância, uma das regras em nossa casa era a de que não podíamos ir dormir com o sentimento de raiva: "Irai-vos e não pequeis; não se ponha o sol sobre a vossa ira" (Efésios 4:26). Todas as nossas brigas e divergências tinham que ser resolvidas. Essa regra era acompanhada do ritual da hora de dormir: mamãe e papai diziam a mim e a meu irmão: "Boa noite, amo você." E respondíamos: "Boa noite, amo você também".

O valor desse ritual familiar ficou, recentemente, marcado em mim. Minha mãe em um leito hospitalar, morria aos poucos de câncer de pulmão. Ela foi ficando cada vez menos responsiva, mas todas as noites ao deixá-la eu dizia: "Amo você mamãe." E ainda que não pudesse dizer quase nada, ela ainda, respondia: "Amo você também." Durante a minha infância eu não tinha percebido a dádiva que esse ritual seria para mim tantos anos mais tarde.

O tempo e a repetição podem privar os nossos rituais de seus significados. Mas alguns deles são lembretes importantes de verdades espirituais vitais. Os cristãos do primeiro século fizeram mau uso do ritual da Ceia do Senhor, mas o apóstolo Paulo os aconselhou a não parar de celebrá-la. Ao contrário, ele lhes disse: "Porque, todas as vezes que comerdes este pão e beberdes o cálice, anunciais a morte do Senhor, até que ele venha" (1 Coríntios 11:26).

Ao invés de desistir do ritual, talvez precisemos restaurar seu significado. —*JAL*

Leitura bíblica de hoje: 1 Coríntios 11:23-34

²³Porque eu recebi do Senhor o que também vos entreguei: que o Senhor Jesus, na noite em que foi traído, tomou o pão; ²⁴e, tendo dado graças, o partiu e disse: Isto é o meu corpo, que é dado por vós; fazei isto em memória de mim. ²⁵Por semelhante modo, depois de haver ceado, tomou também o cálice, dizendo: Este cálice é a nova aliança no meu sangue; fazei isto, todas as vezes que o beberdes, em memória de mim. ²⁶Porque, todas as vezes que comerdes este pão e beberdes o cálice, anunciais a morte do Senhor, até que ele venha. ²⁷Por isso, aquele que comer o pão ou beber o cálice do Senhor, indignamente, será réu do corpo e do sangue do Senhor. ²⁸Examine-se, pois, o homem a si mesmo, e, assim, coma do pão, e beba do cálice; ²⁹pois quem come e bebe sem discernir o corpo, come e bebe juízo para si. ³⁰Eis a razão por que há entre vós muitos fracos e doentes e não poucos que dormem. ³¹Porque, se nos julgássemos a nós mesmos, não seríamos julgados. ³²Mas, quando julgados, somos disciplinados pelo Senhor, para não sermos condenados com o mundo. ³³Assim, pois, irmãos meus, quando vos reunis para comer, esperai uns pelos outros. ³⁴Se alguém tem fome, coma em casa, a fim de não vos reunirdes para juízo. Quanto às demais coisas, eu as ordenarei quando for ter convosco.

O contentamento que vem de Deus vai além das circunstâncias.

Fonte de contentamento

*...Deus [...] fez o que era apropriado
e tornou Jesus perfeito por meio do sofrimento...*
—HEBREUS 2:10 (NTLH)

Biju Thampy conhecia a pobreza. Um filantropo anônimo o enviou à Inglaterra para ele preparar-se para o ministério. Ávido por cumprir a Grande Comissão, o jovem pediu que parte do orçamento de sua alimentação fosse usado em missões. Uma refeição por dia seria o suficiente para ele. Hoje, a igreja dele na Índia, alimenta cerca de mil crianças todos os dias, e lhes ensina o evangelho. É pouco, pois há mais de 200 mil crianças abandonadas naquela cidade.

Medimos o contentamento com base nas circunstâncias. Nossa cultura nos diz: "tenha, e do seu jeito". Se você comprar algo e não funcionar bem, devolva. Se o relacionamento não der certo, termine. Se o emprego não for tão bom, procure outro. Se você sentir um vazio, algo ou alguém poderá preenchê-lo. Recusamo-nos à privação.

Tentar encontrar respostas nas circunstâncias nos torna hesitantes sobre a provisão de Deus (Tiago 1:5-8). Somente Cristo pode conceder o que precisamos.

O contentamento é uma escolha que começa ao vermos a vida sob a perspectiva de Deus (Jó 28:24). Se o Senhor é nossa fonte, as nossas necessidades se definem por Sua vontade. Vamos então:

- Confiar no Senhor acima de tudo (Filipenses 4:6,7).
- Encher nossa mente com o que importa (v.8).
- Contentar-nos com o que temos e ter em Cristo a nossa fonte de satisfação (vv.11-13). —*RF*

Leitura bíblica de hoje: Hebreus 2:9-18

[9]vemos, todavia, aquele que, por um pouco, tendo sido feito menor que os anjos, Jesus, por causa do sofrimento da morte, foi coroado de glória e de honra, para que, pela graça de Deus, provasse a morte por todo homem. [10]Porque convinha que aquele, por cuja causa e por quem todas as coisas existem, conduzindo muitos filhos à glória, aperfeiçoasse, por meio de sofrimentos, o Autor da salvação deles. [11]Pois, tanto o que santifica como os que são santificados, todos vêm de um só. Por isso, é que ele não se envergonha de lhes chamar irmãos, [12]dizendo: A meus irmãos declararei o teu nome, cantar-te-ei louvores no meio da congregação. [13]E outra vez: Eu porei nele a minha confiança. E ainda: Eis aqui estou eu e os filhos que Deus me deu. [14]Visto, pois, que os filhos têm participação comum de carne e sangue, destes também ele, igualmente, participou, para que, por sua morte, destruísse aquele que tem o poder da morte, a saber, o diabo, [15]e livrasse todos que, pelo pavor da morte, estavam sujeitos à escravidão por toda a vida. [16]Pois ele, evidentemente, não socorre anjos, mas socorre a descendência de Abraão. [17]Por isso mesmo, convinha que, em todas as coisas, se tornasse semelhante aos irmãos, para ser misericordioso e fiel sumo sacerdote nas coisas referentes a Deus e para fazer propiciação pelos pecados do povo. [18]Pois, naquilo que ele mesmo sofreu, tendo sido tentado, é poderoso para socorrer os que são tentados.

Podemos confessar os nossos erros justamente por não poder escondê-los de Deus.

Limpeza interior

Sonda-me, ó Deus, e conhece o meu coração…
—SALMO 139:23

Até hoje consigo ouvir a minha mãe exigindo que eu limpasse o meu quarto. Obediente, eu entrava nele para iniciar o processo, mas simplesmente me distraía lendo o gibi que deveria empilhar com os outros. Em pouco tempo, a distração era interrompida pelo aviso de minha mãe de que ela chegaria em cinco minutos para inspecionar o aposento. Incapaz de limpá-lo bem naquele curto espaço de tempo, eu escondia no guarda-roupa tudo o que não sabia qual destino dar; arrumava a cama e aguardava ela entrar — esperando que não olhasse dentro do armário.

Isto me lembra do que muitos de nós fazemos com a nossa vida. Limpamos o exterior esperando que ninguém olhe o nosso interior, onde escondemos os nossos pecados por meio de racionalizações e justificativas, além de culpar os outros por nossas falhas.

O problema é que enquanto parecemos bons exteriormente, permanecemos bem cientes da bagunça interior. O salmista nos encoraja a nos submetermos à inspeção de limpeza de Deus: "Sonda-me, ó Deus, e conhece o meu coração, prova-me e conhece os meus pensamentos; vê se há em mim algum caminho mau e guia-me pelo caminho eterno" (Salmo 139:23,24). Vamos convidar o Senhor para inspecionar e limpar cada canto de nossa vida. —*JMS*

Leitura bíblica de hoje: Salmo 139:13-24

[13]Pois tu formaste o meu interior, tu me teceste no seio de minha mãe. [14]Graças te dou, visto que por modo assombrosamente maravilhoso me formaste; as tuas obras são admiráveis, e a minha alma o sabe muito bem; [15]os meus ossos não te foram encobertos, quando no oculto fui formado e entretecido como nas profundezas da terra. [16]Os teus olhos me viram a substância ainda informe, e no teu livro foram escritos todos os meus dias, cada um deles escrito e determinado, quando nem um deles havia ainda. [17]Que preciosos para mim, ó Deus, são os teus pensamentos! E como é grande a soma deles!

[18]Se os contasse, excedem os grãos de areia; contaria, contaria, sem jamais chegar ao fim. [19]Tomara, ó Deus, desses cabo do perverso; apartai-vos, pois, de mim, homens de sangue. [20]Eles se rebelam insidiosamente contra ti e como teus inimigos falam malícia. [21]Não aborreço eu, Senhor, os que te aborrecem? E não abomino os que contra ti se levantam? [22]Aborreço-os com ódio consumado; para mim são inimigos de fato. [23]Sonda-me, ó Deus, e conhece o meu coração, prova-me e conhece os meus pensamentos; [24]vê se há em mim algum caminho mau e guia-me pelo caminho eterno.

Cristo é o maior presente que o homem já recebeu.

Um nascimento especial

*Eis que a virgem conceberá e dará à luz um filho
e lhe chamará Emanuel.*

—ISAÍAS 7:14

Nas páginas das Escrituras destacam-se vários nascimentos de meninos. Caim, o primogênito após a criação. Isaque, a esperança do futuro de Israel. Samuel, a resposta à oração fervorosa de uma mãe. Todos esses foram extremamente importantes e esperados com alegria. E todos foram descritos exatamente da mesma maneira pelos cronistas das Escrituras. Em cada caso, nos é dito que a mãe concebeu e deu à luz um filho (Gênesis 4:1; 21:2,3; 1 Samuel 1:20).

Analisemos o nascimento de mais um menino. A descrição desta chegada foi muito mais detalhada: certamente apenas algumas palavras não foram suficientes para relatar o nascimento de Jesus. Em Miqueias está escrito onde o Senhor nasceria — Belém (5:2). Em Isaías, lemos que a mãe dele seria uma virgem (7:14), e que Jesus viria para salvar as pessoas de seus pecados (Isaías 53).

O Novo Testamento traz informações-chave sobre qual seria o Seu nome e a razão de assim o chamarem (Mateus 1:21), onde Ele nasceria em cumprimento à profecia: "...porque de ti sairá o Guia que há de apascentar a meu povo" (2:6), e como a sua mãe biológica e o seu pai adotivo faziam parte do plano de Deus: "...Jacó gerou a José, marido de Maria, da qual nasceu Jesus, que se chama o Cristo" (1:16).

O nascimento de Jesus está acima de todos os nascimentos. Sua vinda mudou o mundo e pode mudar a nossa vida. Celebremos esta grande dádiva! *—JDB*

Leitura bíblica de hoje: Isaías 7:10-15

[10]E continuou o Senhor a falar com Acaz, dizendo: [11]Pede ao Senhor, teu Deus, um sinal, quer seja embaixo, nas profundezas, ou em cima, nas alturas. [12]Acaz, porém, disse: Não o pedirei, nem tentarei ao Senhor. [13]Então, disse o profeta: Ouvi, agora, ó casa de Davi: acaso, não vos basta fatigardes os homens, mas ainda fatigais também ao meu Deus? [14]Portanto, o Senhor mesmo vos dará um sinal: eis que a virgem conceberá e dará à luz um filho e lhe chamará Emanuel. [15]Ele comerá manteiga e mel quando souber desprezar o mal e escolher o bem. [16]Na verdade, antes que este menino saiba desprezar o mal e escolher o bem, será desamparada a terra ante cujos dois reis tu tremes de medo.

Deus sempre cumpre o que promete.

A espera

Ele creu no SENHOR,
e isso lhe foi imputado para justiça.
—GÊNESIS 15:6

Qualquer mãe pode afirmar que o tempo de espera para se dar à luz é uma experiência que produz paciência. Mas pobre da mãe elefanta! A sua gravidez demora aproximadamente 22 meses! Há uma espécie de tubarão cuja gestação dura de 22 a 24 meses. E nas elevações de mais de 1.400 metros, a salamandra dos Alpes suporta uma gestação de mais de 38 meses!

Abraão pode ser comparado a esses exemplos da natureza. Em sua velhice, o Senhor lhe fez uma promessa: "…de ti farei uma grande nação, e te abençoarei…" (Gênesis 12:2). Mas, com o passar dos anos, Abraão questionou como seria possível o cumprimento dessa promessa sem ter o alicerce inicial — um filho (15:2). Então o Senhor lhe assegurou que um filho gerado por ele mesmo seria o seu herdeiro (v.4).

Apesar da idade avançada, Abraão creu em Deus e foi chamado de justo (v.6). No entanto, ele esperou 25 anos desde o tempo da promessa até o nascimento de Isaque (17:1,17).

Esperar até que se cumpram as promessas de Deus faz parte de nossa confiança nele. Não importa o quanto demorem a se concretizar, precisamos esperar por Ele. Como o autor da carta de Hebreus nos lembra: "Guardemos firme a confissão da esperança, sem vacilar, pois quem fez a promessa é fiel" (10:23). —*MLW*

Leitura bíblica de hoje: Gênesis 15:1-6

[1]Depois destes acontecimentos, veio a palavra do Senhor a Abrão, numa visão, e disse: Não temas, Abrão, eu sou o teu escudo, e teu galardão será sobremodo grande. [2]Respondeu Abrão: Senhor Deus, que me haverás de dar, se continuo sem filhos e o herdeiro da minha casa é o damasceno Eliézer? [3]Disse mais Abrão: A mim não me concedeste descendência, e um servo nascido na minha casa será o meu herdeiro. [4]A isto respondeu logo o Senhor, dizendo: Não será esse o teu herdeiro; mas aquele que será gerado de ti será o teu herdeiro. [5]Então, conduziu-o até fora e disse: Olha para os céus e conta as estrelas, se é que o podes. E lhe disse: Será assim a tua posteridade. [6]Ele creu no Senhor, e isso lhe foi imputado para justiça.

A fé nos ajuda a aceitar o que não podemos entender.

Questão de perspectiva

...Serei glorificado em Faraó e em todo o seu exército; e saberão os egípcios que eu sou o SENHOR...
—ÊXODO 14:4

Você é parte do problema ou parte da solução? Se esta questão for apresentada durante uma reunião de negócios, um conselho de igreja ou uma discussão familiar, ela geralmente surgirá de um sentimento de desespero na tentativa de compreender porque alguém age de certa maneira. Frequentemente, a resposta é uma questão de perspectiva.

Se estivéssemos entre os israelitas que saíram do Egito após 400 anos de escravidão, talvez tivéssemos visto Faraó como parte do problema — e realmente ele era. No entanto, Deus viu algo mais.

Inexplicavelmente, o Senhor ordenou que Moisés levasse o povo de volta em direção ao Egito e acampasse de costas para o mar Vermelho, assim Faraó os atacaria (Êxodo 14:1-3). Os israelitas pensaram que iriam morrer, mas Deus lhes disse que Senhor receberia a glória e honra para si próprio por intermédio do Faraó e todo o seu exército, "...e saberão os egípcios que eu sou o SENHOR" (vv.4,17,18).

Quando não podemos entender porque Deus permite as circunstâncias que ameaçam nos derrubar, é bom lembrar que Ele tem o nosso bem e a Sua glória em mente. Se orarmos dizendo: "Pai, por favor, capacita-nos para confiar no Senhor e honrá-lo nesta situação", então estaremos em sintonia com a Sua perspectiva e plano. —*DCM*

Leitura bíblica de hoje: Êxodo 14:1-14

[1]Disse o SENHOR a Moisés: [2]Fala aos filhos de Israel que retrocedam e se acampem [...] [3]Então, Faraó dirá dos filhos de Israel: Estão desorientados na terra, o deserto os encerrou. [4]Endurecerei o coração de Faraó, para que os persiga, e serei glorificado em Faraó e em todo o seu exército; e saberão os egípcios que eu sou o SENHOR. Eles assim o fizeram. [5]Sendo, pois, anunciado ao rei do Egito que o povo fugia, mudou-se o coração de Faraó e dos seus oficiais contra o povo, e disseram: Que é isto que fizemos, permitindo que Israel nos deixasse de servir? [6]E aprontou Faraó o seu carro e tomou consigo o seu povo; [7]e tomou também seiscentos carros escolhidos e todos os carros do Egito com capitães sobre todos eles. [8]Porque o SENHOR endureceu o coração de Faraó, rei do Egito, para que perseguisse os filhos de Israel; porém os filhos de Israel saíram afoitamente. [9]Perseguiram-nos os egípcios, todos os cavalos e carros de Faraó, e os seus cavalarianos, e o seu exército e os alcançaram acampados junto ao mar, perto de Pi-Hairote, defronte de Baal-Zefom. [10]E, chegando Faraó, os filhos de Israel levantaram os olhos, e eis que os egípcios vinham atrás deles, e temeram muito; então, os filhos de Israel clamaram ao SENHOR. [11]Disseram a Moisés: Será, por não haver sepulcros no Egito, que nos tiraste de lá, para que morramos neste deserto? Por que nos trataste assim, fazendo-nos sair do Egito? [12]Não é isso o que te dissemos no Egito: deixa-nos, para que sirvamos os egípcios? Pois melhor nos fora servir aos egípcios do que morrermos no deserto. [13]Moisés, porém, respondeu ao povo: Não temais; aquietai-vos e vede o livramento do SENHOR que, hoje, vos fará; porque os egípcios, que hoje vedes, nunca mais os tornareis a ver. [14]O SENHOR pelejará por vós, e vós vos calareis.

O Espírito Santo desenvolve em nós a nítida imagem de Cristo.

Ciente da imagem

E todos nós, […] somos transformados,
[…] pelo Senhor, o Espírito.
—2 CORÍNTIOS 3:18

Ao rever antigas fotos familiares, meus primos e eu nos divertimos tentando descobrir quais características físicas cada um herdou. Primeiro percebemos o que consideramos negativo: pernas curtas, dentes tortos, topetes rebeldes. Podemos identificar facilmente em nossos ancestrais as partes do nosso corpo menos preferidas. Além dos atributos físicos, herdamos traços de caráter — alguns bons, outros nem tanto. Contudo, nem sempre prestamos tanta atenção a estes.

De acordo com minhas observações não científicas, as pessoas tentam todos os tipos de métodos para superar suas imperfeições físicas: séries de exercícios, programas de perda de peso, maquiagem, tingimento de cabelos, cirurgia estética etc. Mas em vez de tentarmos superar as falhas em nosso caráter, tendemos a usá-las como pretexto para o mau comportamento. Suponho que isso ocorra porque mudar a nossa aparência, com certeza, é mais fácil do que mudar o nosso caráter. Mas imagine como seríamos melhores se aplicássemos essa mesma energia e empenho no desenvolvimento do nosso caráter.

Como filhas de Deus, não estamos limitadas à nossa composição genética. Podemos entregar as nossas falhas ao Senhor e permitir que Ele cumpra o potencial que tinha em mente quando nos criou como expressões únicas de Seu amor. O poder de Espírito de Deus e a vida do Seu Filho estão agindo em nós, nos conformando à Sua imagem" (2 Coríntios 3:18). —*JAL*

Leitura bíblica de hoje: 2 Coríntios 3:1-3, 17,18

¹Começamos, porventura, outra vez a recomendar-nos a nós mesmos? Ou temos necessidade, como alguns, de cartas de recomendação para vós outros ou de vós? ²Vós sois a nossa carta, escrita em nosso coração, conhecida e lida por todos os homens, ³estando já manifestos como carta de Cristo, produzida pelo nosso ministério, escrita não com tinta, mas pelo Espírito do Deus vivente, não em tábuas de pedra, mas em tábuas de carne, isto é, nos corações. ¹⁷Ora, o Senhor é o Espírito; e, onde está o Espírito do Senhor, aí há liberdade. ¹⁸E todos nós, com o rosto desvendado, contemplando, como por espelho, a glória do Senhor, somos transformados, de glória em glória, na sua própria imagem, como pelo Senhor, o Espírito.

Nossas ações revelam se somos obedientes ao Senhor Deus.

Imaculados

*Pois esta é a vontade de Deus: a vossa santificação,
que vos abstenhais da prostituição.*
—1 TESSALONICENSES 4:3

Meu marido e eu trabalhamos com jovens há quase duas décadas. Entre as notícias sobre os casamentos, sempre vejo nomes e rostos conhecidos. Ao ler sobre um casal que não reconheci, me conscientizei da fragmentação da nossa sociedade. O casal parecia feliz negando as consequências de terem celebrado sua lua de mel antes do casamento.

Infelizmente, o sexo fora do casamento tornou-se comum, até na igreja. Justificamos dizendo que merecemos ser felizes ou porque, afinal, o casamento está próximo. Criamos regras próprias e desobedecemos aos mandamentos de Deus. O resultado é desastroso, especialmente porque o pecado proibido causa prazer.

Nossa carne deseja os benefícios do prazer sexual sem os limites da Palavra de Deus, mas lemos: "Digno de honra entre todos seja o matrimônio, bem como o leito sem mácula...." (Hebreus 13:4). A pureza sexual ultrapassa o corpo e chega ao coração (1 Coríntios 6:18-20). Estamos dispostas a confiar nos padrões de Deus porque confiamos em Seu amor? Faremos as coisas do nosso jeito porque o jeito dele parece injusto ou difícil demais?

Deus concebeu o sexo para ser algo bom (Gênesis 2:24), e a honra do homem e a beleza da mulher irradiam da sua escolha de não "...perturbar o nosso amor" (Cântico dos Cânticos 2:7 NTLH). Deus honra o casamento. —*RF*

Leitura bíblica de hoje: 1 Tessalonicenses 4:1-7

[1]Finalmente, irmãos, nós vos rogamos e exortamos no Senhor Jesus que, como de nós recebestes, quanto à maneira por que deveis viver e agradar a Deus, e efetivamente estais fazendo, continueis progredindo cada vez mais; [2]porque estais inteirados de quantas instruções vos demos da parte do Senhor Jesus. [3]Pois esta é a vontade de Deus: a vossa santificação, que vos abstenhais da prostituição; [4]que cada um de vós saiba possuir o próprio corpo em santificação e honra, [5]não com o desejo de lascívia, como os gentios que não conhecem a Deus; [6]e que, nesta matéria, ninguém ofenda nem defraude a seu irmão; porque o Senhor, contra todas estas coisas, como antes vos avisamos e testificamos claramente, é o vingador, [7]porquanto Deus não nos chamou para a impureza, e sim para a santificação.

Quem se abriga na escuridão torna-se vulnerável ao inimigo.

Transparência

…Como, pois, assentaste no coração este desígnio?
Não mentiste aos homens, mas a Deus.

—ATOS 5:4

Era cedo para o meu compromisso e aproveitei a quietude do trajeto, a despeito do trânsito congestionado. De repente, meu telefone celular soou. Atendi e ouvi a voz alegre da minha irmã dizer: "Estou acenando para você há cinco minutos! Você deve estar perdida em pensamentos!" "Onde você está?", perguntei. "No carro à sua frente!" Eu não a tinha visto acenar porque o carro dela tem película escura.

Como igreja, somos chamadas a viver em comunidade. A ideia de nos observarem ou saberem sobre o lixo em nossa vida pode gerar desconforto. Mas é necessário que nos conheçam, é básico nos relacionamentos, e uma segurança contra os dispositivos do inimigo.

Ananias e Safira mentiram sobre a doação de toda a receita obtida com a venda da sua propriedade. Foram julgados por fingirem ser o que não eram. Fingiram imitar a sinceridade dos seus próximos (Atos 4:34-37), e esqueceram que Deus conhece a verdadeira condição do nosso coração (Provérbios 24:12). Valorizemos a:

- Santidade e sinceridade em tudo o que fizermos (2 Coríntios 1:12).
- Honestidade sobre onde estamos espiritualmente (Efésios 4:25).
- Aceitação dos alertas dos que nos amam (Provérbios 27:6).

Os cristãos que levam a sério a presença do Espírito Santo que neles habita, reconhecem o significado da transparência. —*RF*

Leitura bíblica de hoje: Atos 5:1-12

[1]Entretanto, certo homem, chamado Ananias, com sua mulher Safira, vendeu uma propriedade, [2]mas, em acordo com sua mulher, reteve parte do preço e, levando o restante, depositou-o aos pés dos apóstolos. [3]Então, disse Pedro: Ananias, por que encheu Satanás teu coração, para que mentisses ao Espírito Santo, reservando parte do valor do campo? [4]Conservando-o, porventura, não seria teu? E, vendido, não estaria em teu poder? Como, pois, assentaste no coração este desígnio? Não mentiste aos homens, mas a Deus. [5]Ouvindo estas palavras, Ananias caiu e expirou, sobrevindo grande temor a todos os ouvintes. [6]Levantando-se os moços, cobriram-lhe o corpo e, levando-o, o sepultaram. [7]Quase três horas depois, entrou a mulher de Ananias, não sabendo o que ocorrera. [8]Então, Pedro, dirigindo-se a ela, perguntou-lhe: Dize-me, vendestes por tanto aquela terra? Ela respondeu: Sim, por tanto. [9]Tornou-lhe Pedro: Por que entrastes em acordo para tentar o Espírito do Senhor? Eis aí à porta os pés dos que sepultaram o teu marido, e eles também te levarão. [10]No mesmo instante, caiu ela aos pés de Pedro e expirou. Entrando os moços, acharam-na morta e, levando-a, sepultaram-na junto do marido. [11]E sobreveio grande temor a toda a igreja e a todos quantos ouviram a notícia destes acontecimentos. [12]Muitos sinais e prodígios eram feitos entre o povo pelas mãos dos apóstolos. E costumavam todos reunir-se, de comum acordo, no Pórtico de Salomão.

Somos servas do Senhor, chamadas para transmitir a Sua mensagem redentora por intermédio de nossa vida.

Somos conhecidas

Antes que eu te formasse no ventre materno,
eu te conheci, e, antes que saísses da madre, te consagrei…
—JEREMIAS 1:5

Gosto de café descafeinado, sem calorias, superquente, bem encorpado, mas não o saboreio todo dia. Acho que o meu pedido específico fez o atendente lembrar-se de quem sou e do meu nome. A surpresa por ele me reconhecer fez minha ficha cair. Uma lição do Senhor — sou conhecida.

Quem sou eu? Para onde estou indo? A minha vida faz a diferença? Esmagadas pelas mentiras do diabo a respeito da nossa insignificância, às vezes nos escondemos. De repente, ouvimos uma voz e percebemos que o Deus do Universo nos chamou pelo nome! (Isaías 43:1). Não somos apenas observadas. Somos conhecidas.

Jeremias, o profeta chorão, foi separado e escolhido desde o ventre da sua mãe. Ele foi um facilitador do plano divino de redenção; levando os israelitas ao arrependimento. A complexidade da sua tarefa às vezes o confundia.

Talvez os desafios da vida a tenham feito questionar se o que você sabe é verdade. Deus sabe quantos cabelos tenho? Ele enxerga os meus vales profundos? (Jeremias 15:15-18).

Em 1 Pedro 2:9 lemos que somos: "…raça eleita, sacerdócio real, nação santa, povo de propriedade exclusiva de Deus…". O Senhor quer que descansemos na certeza de que somos conhecidas e que Ele é um Deus que "…[está] vigiando para que as [Suas] palavras se cumpram" (Jeremias 1:12). —*RF*

Leitura bíblica de hoje: Jeremias 1:4-12

[4]A mim me veio, pois, a palavra do SENHOR, dizendo: [5]Antes que eu te formasse no ventre materno, eu te conheci, e, antes que saísses da madre, te consagrei, e te constituí profeta às nações. [6]Então, lhe disse eu: ah! SENHOR Deus! Eis que não sei falar, porque não passo de uma criança. [7]Mas o SENHOR me disse: Não digas: Não passo de uma criança; porque a todos a quem eu te enviar irás; e tudo quanto eu te mandar falarás. [8]Não temas diante deles, porque eu sou contigo para te livrar, diz o SENHOR.

[9]Depois, estendeu o SENHOR a mão, tocou-me na boca e o SENHOR me disse: Eis que ponho na tua boca as minhas palavras. [10]Olha que hoje te constituo sobre as nações e sobre os reinos, para arrancares e derribares, para destruíres e arruinares e também para edificares e para plantares. [11]Veio ainda a palavra do SENHOR, dizendo: Que vês tu, Jeremias? Respondi: vejo uma vara de amendoeira. [12]Disse-me o SENHOR: Viste bem, porque eu velo sobre a minha palavra para a cumprir.

Vivamos de tal forma que demonstremos o amor de Deus em nós.

Por que você está aqui?

As pessoas que pertencem a Cristo Jesus crucificaram a natureza humana [...] com todas as paixões e desejos dessa natureza.
—GÁLATAS 5:24

"Tudo bem, cuido disso", finalizei bruscamente. Fiz o que não queria ter feito e frustrei-me. Pouco antes eu tinha dito a uma amiga que Deus estava me ensinando a confiar em meu marido, ao invés de reagir. Será que conseguiria aprender?

Enquanto estivermos vivas, dois desejos lutarão em nosso interior (Gálatas 5:17). Em Sua morte na cruz, Jesus destruiu o poder do pecado sobre nós. Mas a nossa luta com o pecado não se encerra ao recebermos a salvação (Romanos 7:18). Cristo nos deixou claro que a obediência e a renúncia são decisões diárias (Lucas 9:23).

O inimigo quer nos convencer de que não estamos indo a lugar algum, que nunca seremos livres, que nada mudou, e que o poder de Deus não é real. Enraivecidas por fazer o que não devemos, questionamos se essas mentiras são verdadeiras.

Não vencemos nossa natureza pecaminosa com esforço próprio — a salvação vem pela graça (Efésios 2:8). Ao escolher essa graça, minha vida não mais me pertence "...já não sou eu quem vive, mas Cristo vive em mim; e esse viver que, agora, tenho na carne, vivo pela fé no Filho de Deus..." (Gálatas 2:20). Posso vencer a tentação ao, entregar minha vida a Cristo e Ele viver em mim (Romanos 6:6-8).

Não podemos andar onde não escolhemos ir. A pessoa espiritualmente morta rejeitou a liberdade e a vida que se encontra em Jesus. —*RF*

Leitura bíblica de hoje: Gálatas 2:20; 5:16-24

[20]logo, já não sou eu quem vive, mas Cristo vive em mim; e esse viver que, agora, tenho na carne, vivo pela fé no Filho de Deus, que me amou e a si mesmo se entregou por mim. [16]Digo, porém: andai no Espírito e jamais satisfareis à concupiscência da carne. [17]Porque a carne milita contra o Espírito, e o Espírito, contra a carne, porque são opostos entre si; para que não façais o que, porventura, seja do vosso querer. [18]Mas, se sois guiados pelo Espírito, não estais sob a lei. [19]Ora, as obras da carne são conhecidas e são: prostituição, impureza, lascívia, [20]idolatria, feitiçarias, inimizades, porfias, ciúmes, iras, discórdias, dissensões, facções, [21]invejas, bebedices, glutonarias e coisas semelhantes a estas, a respeito das quais eu vos declaro, como já, outrora, vos preveni, que não herdarão o reino de Deus os que tais coisas praticam. [22]Mas o fruto do Espírito é: amor, alegria, paz, longanimidade, benignidade, bondade, fidelidade, [23]mansidão, domínio próprio. Contra estas coisas não há lei. [24]E os que são de Cristo Jesus crucificaram a carne, com as suas paixões e concupiscências.

Os braços de Deus estão sempre abertos para receber qualquer um de volta à casa.

Entrando para a família

*Pois todos vós sois filhos de Deus
mediante a fé em Cristo Jesus.*
—GÁLATAS 3:26

Maurice Griffin foi adotado aos 32 anos. Ele havia vivido com Lisa e Charles Godbold por 20 anos, tendo-os como seus tutores. Apesar de Griffin ser adulto e viver por própria conta, ele e a família sempre quiseram finalizar judicialmente o processo de adoção. Quando se reuniram para comemorar a completude da adoção oficial, ele comentou: "Este é provavelmente o momento mais feliz da minha vida. Estou feliz por estar em casa."

Nós que já fazemos parte da família de Deus podemos nos referir ao momento que ingressamos nela, como o momento mais feliz em nossa vida. Quando confiamos a nossa salvação a Cristo, nos tornamos filhos de Deus e Ele se torna o nosso Pai celestial. A Bíblia nos assegura: "Pois todos vós sois filhos de Deus mediante a fé em Cristo Jesus" (Gálatas 3:26).

Como filhos adotados de Deus, nós temos irmãos espirituais — nossos irmãos e irmãs em Cristo — e todos nós compartilhamos de uma herança eterna (Colossenses 1:12). Além disso, o Espírito de Jesus habita em nossos corações e nos capacita a orar usando o nome Abba, Pai (Gálatas 4:6) — como uma criança que está chamando: "Papai".

Ser filho de Deus é experimentar a proximidade e a segurança de um Pai que nos ama, aceita e quer nos conhecer. A nossa adoção em Sua família é uma maravilhosa volta ao lar. *—JBS*

Leitura bíblica de hoje: Gálatas 3:26—4:7

[26]Pois todos vós sois filhos de Deus mediante a fé em Cristo Jesus; [27]porque todos quantos fostes batizados em Cristo de Cristo vos revestistes. [28]Dessarte, não pode haver judeu nem grego; nem escravo nem liberto; nem homem nem mulher; porque todos vós sois um em Cristo Jesus. [29]E, se sois de Cristo, também sois descendentes de Abraão e herdeiros segundo a promessa.

[1]Digo, pois, que, durante o tempo em que o herdeiro é menor, em nada difere de escravo, posto que é ele senhor de tudo. [2]Mas está sob tutores e curadores até ao tempo predeterminado pelo pai. [3]Assim, também nós, quando éramos menores, estávamos servilmente sujeitos aos rudimentos do mundo; [4]vindo, porém, a plenitude do tempo, Deus enviou seu Filho, nascido de mulher, nascido sob a lei, [5]para resgatar os que estavam sob a lei, a fim de que recebêssemos a adoção de filhos. [6]E, porque vós sois filhos, enviou Deus ao nosso coração o Espírito de seu Filho, que clama: Aba, Pai! [7]De sorte que já não és escravo, porém filho; e, sendo filho, também herdeiro por Deus.

O crescimento espiritual requer o alimento sólido da Palavra de Deus.

Gráfico de crescimento

*…crescei na graça e no conhecimento de nosso Senhor
e Salvador Jesus Cristo…*
—2 PEDRO 3:18

Se, algum dia, a minha família precisar mudar da casa onde vivemos agora, quero tirar o batente da porta da despensa e levá-la comigo! Essa porta é especial porque mostra como os meus filhos cresceram ao longo dos anos. Todos os meses, meu marido e eu colocamos as nossas crianças contra a porta e marcamos com um lápis a altura de cada um, logo acima de sua cabeça. De acordo com a nossa tabela de crescimento, a minha filha cresceu dez centímetros em apenas um ano!

Embora meus filhos cresçam fisicamente como parte natural da vida, há outro tipo de crescimento que acontece com algum esforço — nosso crescimento espiritual em semelhança a Cristo. Pedro encorajou os cristãos a crescerem "…na força e no conhecimento de […] Jesus…" (v.18). Ele disse que o amadurecimento na nossa fé nos prepara para a volta de Cristo. O apóstolo desejava que, ao voltar, Jesus encontrasse os cristãos vivendo em paz e retidão (v.14). Pedro via o crescimento espiritual como uma defesa contra o ensino que interpreta incorretamente a Palavra de Deus e leva as pessoas a se desviarem (vv.16,17).

Mesmo quando nos sentimos desencorajados e desconectados de Deus, podemos nos lembrar de que Ele nos ajudará a avançar em nossa fé, tornando-nos mais semelhantes ao Seu Filho. Sua Palavra nos assegura de que "…aquele que começou boa obra em vós há de completá-la até ao Dia de Cristo Jesus" (Filipenses 1:6).

—*JBS*

Leitura bíblica de hoje: 2 Pedro 3:10-18

[10]Virá, entretanto, como ladrão, o Dia do Senhor, no qual os céus passarão com estrepitoso estrondo, e os elementos se desfarão abrasados; também a terra e as obras que nela existem serão atingidas. [11]Visto que todas essas coisas hão de ser assim desfeitas, deveis ser tais como os que vivem em santo procedimento e piedade, [12]esperando e apressando a vinda do Dia de Deus, por causa do qual os céus, incendiados, serão desfeitos, e os elementos abrasados se derreterão. [13]Nós, porém, segundo a sua promessa, esperamos novos céus e nova terra, nos quais habita justiça. [14]Por essa razão, pois, amados, esperando estas coisas, empenhai-vos por serdes achados por ele em paz, sem mácula e irrepreensíveis, [15]e tende por salvação a longanimidade de nosso Senhor, como igualmente o nosso amado irmão Paulo vos escreveu, segundo a sabedoria que lhe foi dada, [16]ao falar acerca destes assuntos, como, de fato, costuma fazer em todas as suas epístolas, nas quais há certas coisas difíceis de entender, que os ignorantes e instáveis deturpam, como também deturpam as demais Escrituras, para a própria destruição deles. [17]Vós, pois, amados, prevenidos como estais de antemão, acautelai-vos; não suceda que, arrastados pelo erro desses insubordinados, descaiais da vossa própria firmeza; [18]antes, crescei na graça e no conhecimento de nosso Senhor e Salvador Jesus Cristo. A ele seja a glória, tanto agora como no dia eterno.

Honremos os nossos pais que não apenas nos geraram, mas que também nos mostram como viver.

Ensine pelo exemplo

...criai-os na disciplina e na admoestação do Senhor.
—EFÉSIOS 6:4

Enquanto esperava por um exame oftalmológico, fiquei chocado com uma afirmação no consultório: "80% de tudo o que as crianças aprendem em seus primeiros 12 anos é por meio dos olhos." Comecei a pensar em tudo o que as crianças processam visualmente por meio de leitura, televisão, filmes, acontecimentos, ambientes e da observação do comportamento de outros, especialmente de seus familiares. Em datas como o Dia das Mães ou Dia dos Pais geralmente pensamos sobre a poderosa influência que exercemos em nossos filhos.

Paulo incitou os pais a não frustrarem os seus filhos enraivecendo-os, mas advertiu: "...criai-os na disciplina e na admoestação do Senhor" (Efésios 6:4). Pense no exemplo poderoso de pais cujo comportamento e consistência sejam inspiração que merece a admiração dos filhos. Esse pai ou mãe não é perfeito, mas está indo na direção correta. Quando as nossas atitudes refletem o caráter de Deus, em vez de distorcê-lo, sabemos que o resultado será para o bem.

Este é um desafio para todas as mães e pais, e não é coincidência o fato de Paulo nos encorajar a atingir esse objetivo em nossos lares: "...sede fortalecidos no Senhor e na força do seu poder" (v.10). Apenas por meio da força do Senhor podemos refletir o amor e a paciência de nosso Pai celestial

Ensinamos os nossos filhos muito mais com o nosso exemplo e modo de viver do que com palavras. *—DCM*

Leitura bíblica de hoje: Efésios 6:1-11

[1]Filhos, obedecei a vossos pais no Senhor, pois isto é justo. [2]Honra a teu pai e a tua mãe (que é o primeiro mandamento com promessa), [3]para que te vá bem, e sejas de longa vida sobre a terra. [4]E vós, pais, não provoqueis vossos filhos à ira, mas criai-os na disciplina e na admoestação do Senhor. [5]Quanto a vós outros, servos, obedecei a vosso senhor segundo a carne com temor e tremor, na sinceridade do vosso coração, como a Cristo, [6]não servindo à vista, como para agradar a homens, mas como servos de Cristo, fazendo, de coração, a vontade de Deus; [7]servindo de boa vontade, como ao Senhor e não como a homens, [8]certos de que cada um, se fizer alguma coisa boa, receberá isso outra vez do Senhor, quer seja servo, quer livre. [9]E vós, senhores, de igual modo procedei para com eles, deixando as ameaças, sabendo que o Senhor, tanto deles como vosso, está nos céus e que para com ele não há acepção de pessoas. [10]Quanto ao mais, sede fortalecidos no Senhor e na força do seu poder. [11]Revesti-vos de toda a armadura de Deus, para poderdes ficar firmes contra as ciladas do diabo.

Colocar Cristo no centro de tudo, coloca todo o restante em perspectiva.

Lidando com distrações

*…porém os cuidados do mundo
e a fascinação das riquezas sufocam a palavra…*
—MATEUS 13:22

O dono de um restaurante na vila de Abu Ghosh, fora da cidade de Jerusalém, ofereceu um desconto de 50% para os clientes que desligassem seus celulares. Jawdat Ibrahim acredita que os smartphones mudaram o foco das refeições: do companheirismo e conversa para a navegação na internet, envio de mensagens de texto e telefonemas de negócio. Ibrahim argumenta que a tecnologia é algo muito bom, mas que quando estamos com nossa família e nossos amigos, é possível esperarmos por meia hora para, simplesmente, desfrutar do alimento e da companhia.

Como é fácil nos distrairmos com muitas coisas, seja em nosso relacionamento com os outros ou com o Senhor.

Jesus disse aos Seus seguidores que a distração espiritual começa com os corações endurecidos, com ouvidos que dificilmente ouvem e olhos que já se fecharam (Mateus 13:15). Ao usar a ilustração de um fazendeiro espalhando sementes, Jesus comparou a semente que caiu entre espinhos aos que ouvem a Palavra de Deus, mas cujo coração está focado em outras coisas. "…os cuidados do mundo e a fascinação das riquezas sufocam a palavra, e fica infrutífera" (v.22).

Há grande valor em cultivarmos momentos de meditação aos pés de Cristo, todos os dias, nos quais devemos deixar de lado as distrações da mente e do coração e nos focarmos no Senhor.

—DCM

Leitura bíblica de hoje: Mateus 13:14-22

[14]De sorte que neles se cumpre a profecia de Isaías: Ouvireis com os ouvidos e de nenhum modo entendereis; vereis com os olhos e de nenhum modo percebereis. [15]Porque o coração deste povo está endurecido, de mau grado ouviram com os ouvidos e fecharam os olhos; para não suceder que vejam com os olhos, ouçam com os ouvidos, entendam com o coração, se convertam e sejam por mim curados. [16]Bem-aventurados, porém, os vossos olhos, porque veem; e os vossos ouvidos, porque ouvem. [17]Pois em verdade vos digo que muitos profetas e justos desejaram ver o que vedes e não viram; e ouvir o que ouvis e não ouviram.

[18]Atendei vós, pois, à parábola do semeador. [19]A todos os que ouvem a palavra do reino e não a compreendem, vem o maligno e arrebata o que lhes foi semeado no coração. Este é o que foi semeado à beira do caminho. [20]O que foi semeado em solo rochoso, esse é o que ouve a palavra e a recebe logo, com alegria; [21]mas não tem raiz em si mesmo, sendo, antes, de pouca duração; em lhe chegando a angústia ou a perseguição por causa da palavra, logo se escandaliza. [22]O que foi semeado entre os espinhos é o que ouve a palavra, porém os cuidados do mundo e a fascinação das riquezas sufocam a palavra, e fica infrutífera.

Nem sempre é fácil aprender algumas lições sobre a paciência.

Descanse em Deus

*…não duvidou […] convicto de que ele era
poderoso para cumprir o que prometera.*
—ROMANOS 4:20,21

Seria o nosso último feriado juntos, como família, antes que o nosso filho mais velho fosse para a universidade. Todos nós ali preenchíamos o banco dos fundos da igreja e o meu coração estava repleto de amor ao olhar os meus cinco filhos bem arrumados. "Por favor, proteja-os espiritualmente e os mantenha perto de ti Senhor." Orei silenciosamente, pensando nas pressões e desafios que cada um estava enfrentando.

O hino final tinha um refrão baseado nas palavras de 2 Timóteo 1:12. "…porque sei em quem tenho crido e estou certo de que ele é poderoso para guardar o meu depósito até aquele Dia." Fui inundada por um sentimento de paz ao ter a certeza de que Deus guardaria a alma de cada um.

Desde então os anos passaram. Houve momentos em que alguns de meus filhos andaram por descaminhos, e outros rebelaram-se totalmente. Algumas vezes me questionei sobre a fidelidade de Deus. Lembro-me então de Abraão. Ele tropeçou, mas nunca deixou de confiar na promessa que tinha recebido (Gênesis 15:5,6; Romanos 4:20,21). Nos anos de espera e de tentativas equivocadas de colaborar com as situações, Abraão apegou-se à promessa de Deus até que Isaque nascesse.

Acredito que este lembrete para termos confiança é algo encorajador. Dizemos a Deus qual é nosso pedido. Lembramo-nos de que Ele se importa. Sabemos que Ele é poderoso, e o agradecemos por Sua fidelidade. *—MS*

Leitura bíblica de hoje: Romanos 4:16-22

[16]Essa é a razão por que provém da fé, para que seja segundo a graça, a fim de que seja firme a promessa para toda a descendência, não somente ao que está no regime da lei, mas também ao que é da fé que teve Abraão (porque Abraão é pai de todos nós, [17]como está escrito: Por pai de muitas nações te constituí.), perante aquele no qual creu, o Deus que vivifica os mortos e chama à existência as coisas que não existem. [18]Abraão, esperando contra a esperança, creu, para vir a ser pai de muitas nações, segundo lhe fora dito: Assim será a tua descendência. [19]E, sem enfraquecer na fé, embora levasse em conta o seu próprio corpo amortecido, sendo já de cem anos, e a idade avançada de Sara, [20]não duvidou, por incredulidade, da promessa de Deus; mas, pela fé, se fortaleceu, dando glória a Deus, [21]estando plenamente convicto de que ele era poderoso para cumprir o que prometera. [22]Pelo que isso lhe foi também imputado para justiça.

Pés firmes em terreno sólido, não se referem ao que vemos, mas a quem olhamos.

Estradas esburacadas

*Tirou-me de um poço de perdição,
de um tremedal de lama; colocou-me os pés
sobre uma rocha e me firmou os passos.*
—SALMO 40:2

Meus pensamentos estavam longe, quando um buraco na estrada sacudiu o meu carro, e percebi que tinha ignorado as placas que indicavam que a rodovia estava em obras. A escuridão encobria o desnível no asfalto. Dias depois ao dirigir por outro trecho da mesma estrada a suavidade da via pavimentada fez meus pneus rodarem bem. A diferença era visível.

Isaías 26:7 diz: "A vereda do justo é plana; tu, que és justo, aplanas a vereda do justo." O caminho do Senhor é sempre correto e Ele é fiel para endireitar as veredas diante de nós. Às vezes, o tempo e os métodos de Deus são diferentes de nossas expectativas. Limitadas por nossa visão, lutamos para compreender a ação dele ao tentarmos ultrapassar os locais em que as obras estão em andamento. Quando os solavancos nos ferem, buscamos recobrar as forças.

Ter confiança é fundamental (Salmo 40:3,4). Ansiamos ver o resultado do que Ele está fazendo. Esquecemos que os vales escuros surgirão (Salmo 23:4). Sem confiança, nossa fé enfraquecerá, e sem fé vacilaremos no esforço próprio (Hebreus 11:6).

Nestes trechos, descobrimos que esperar "confiantemente" significa encontrar libertação (Salmo 40:1). Não importa se o atoleiro é consequência das nossas próprias escolhas ou de outros, somente Ele pode nos salvar. —*RF*

Leitura bíblica de hoje: Salmos 18:30-33; 27:4,5; 40:1-8

[30]O caminho de Deus é perfeito; a palavra do Senhor é provada; ele é escudo para todos os que nele se refugiam. [31]Pois quem é Deus, senão o Senhor? E quem é rochedo, senão o nosso Deus? [32]O Deus que me revestiu de força e aperfeiçoou o meu caminho, [33]ele deu a meus pés a ligeireza das corças e me firmou nas minhas alturas.

[4]Uma coisa peço ao Senhor, e a buscarei: que eu possa morar na Casa do Senhor todos os dias da minha vida, para contemplar a beleza do Senhor e meditar no seu templo. [5]Pois, no dia da adversidade, ele me ocultará no seu pavilhão; no recôndito do seu tabernáculo, me acolherá; elevar-me-á sobre uma rocha.

[1]Esperei confiantemente pelo Senhor; ele se inclinou para mim e me ouviu quando clamei por socorro. [2]Tirou-me de um poço de perdição, de um tremedal de lama; colocou-me os pés sobre uma rocha e me firmou os passos. [3]E me pôs nos lábios um novo cântico, um hino de louvor ao nosso Deus; muitos verão essas coisas, temerão e confiarão no Senhor. [4]Bem-aventurado o homem que põe no Senhor a sua confiança e não pende para os arrogantes, nem para os afeiçoados à mentira. [5]São muitas, Senhor, Deus meu, as maravilhas que tens operado e também os teus desígnios para conosco; ninguém há que se possa igualar contigo. Eu quisera anunciá-los e deles falar, mas são mais do que se pode contar. [6]Sacrifícios e ofertas não quiseste; abriste os meus ouvidos; holocaustos e ofertas pelo pecado não requeres. [7]Então, eu disse: eis aqui estou, no rolo do livro está escrito a meu respeito; [8]agrada-me fazer a tua vontade, ó Deus meu; dentro do meu coração, está a tua lei.

A oração é o lugar em que os fardos trocam de ombros.

Levantamento de peso

Vinde a mim,
todos os que estais cansados e sobrecarregados…
—MATEUS 11:28

Um dia, encontrei meu filho esforçando-se para levantar um par de halteres de 2 quilos acima de sua cabeça — um feito ambicioso para uma criança tão pequena. Ele os tinha levantado apenas alguns centímetros acima do chão, mas os seus olhos estavam determinados e sua face estava corada pelo esforço. Ofereci ajuda e, juntos, levantamos o peso em direção ao teto. O que era tão difícil para ele era muito fácil para mim.

Jesus tem essa perspectiva sobre as coisas que para nós são difíceis. Quando a vida parece um carrossel de catástrofes, Jesus não se intimida por uma pequena batida de automóvel, não se perturba por uma dor de dente ou se incomoda por uma discussão acalorada — mesmo que tudo isso aconteça num único dia! Ele pode cuidar de qualquer coisa, por isso disse: "Vinde a mim, todos os que estais cansados e sobrecarregados…" (Mateus 11:28).

Você está desgastado por contínuos problemas? Sente o peso da tensão e da preocupação? Jesus é a única solução verdadeira. Aproximarmo-nos do Senhor em oração permite que lancemos a nossa carga sobre Jesus, para que Ele possa nos sustentar (Salmo 55:22). Hoje, peça a Ele para ajudá-la em todas as situações. Ajudando a levar a sua carga, Jesus pode dar descanso à sua alma, porque o Seu jugo é suave e o Seu fardo é leve (Mateus 11:29,30).

—*JBS*

Leitura bíblica de hoje: Mateus 11:25-30

[25]Por aquele tempo, exclamou Jesus: Graças te dou, ó Pai, Senhor do céu e da terra, porque ocultaste estas coisas aos sábios e instruídos e as revelaste aos pequeninos. [26]Sim, ó Pai, porque assim foi do teu agrado. [27]Tudo me foi entregue por meu Pai. Ninguém conhece o Filho, senão o Pai; e ninguém conhece o Pai, senão o Filho e aquele a quem o Filho o quiser revelar. [28]Vinde a mim, todos os que estais cansados e sobrecarregados, e eu vos aliviarei. [29]Tomai sobre vós o meu jugo e aprendei de mim, porque sou manso e humilde de coração; e achareis descanso para a vossa alma. [30]Porque o meu jugo é suave, e o meu fardo é leve.

Somente Deus pode acalmar o nosso coração e silenciar a nossa mente.

Desperte com Sua Palavra

Antecipo-me ao alvorecer do dia e clamo;
na tua palavra, espero confiante.
—SALMO 119:147

Meus olhos se abriram pestanejando, mas o quarto ainda estava escuro. Era cedo demais para levantar-me. Suspirei, ajustei o meu travesseiro e esperei novamente pelo sono. Infelizmente, uma extensa lista de coisas a fazer bombardeou o meu cérebro: ir ao mercado, entregar uma refeição a uma amiga, responder e-mails, marcar uma consulta médica etc.

Se você já esteve sobrecarregada e preocupada, conhece a sensação de olhar para o teto quando ainda deveria estar dormindo. O autor do Salmo 119 não desconhecia essa sensação. Ele escreveu: "Antecipo-me ao alvorecer do dia e clamo; na tua palavra, espero confiante" (v.147).

A Palavra de Deus trouxe especial conforto nas noites insones do salmista. Embora ele não pudesse fazer os seus problemas desaparecerem, disse: "Os meus olhos antecipam-se às vigílias noturnas, para que eu medite nas tuas palavras" (v.148). À noite, ele recordava repetidamente a Palavra de Deus em sua mente. Ele se concentrava nas Escrituras, não em suas preocupações. Esta prática lhe permitiu proclamar: "Quanto amo a tua lei!…" (v.97).

Quando a preocupação a despertar, lembre-se: "…a Palavra de Deus é viva, e eficaz…" (Hebreus 4:12). Escolha uma passagem e medite sobre ela. Nossas preocupações não conseguem competir com a Palavra de Deus! —*JBS*

Leitura bíblica de hoje: Salmo 119:145-152

[145]De todo o coração eu te invoco; ouve-me, SENHOR; observo os teus decretos. [146]Clamo a ti; salva-me, e guardarei os teus testemunhos. [147]Antecipo-me ao alvorecer do dia e clamo; na tua palavra, espero confiante. [148]Os meus olhos antecipam-se às vigílias noturnas, para que eu medite nas tuas palavras.

[149]Ouve, SENHOR, a minha voz, segundo a tua bondade; vivifica-me, segundo os teus juízos. [150]Aproximam-se de mim os que andam após a maldade; eles se afastam da tua lei. [151]Tu estás perto, SENHOR, e todos os teus mandamentos são verdade. [152]Quanto às tuas prescrições, há muito sei que as estabeleceste para sempre.

Deus nunca a levará por um caminho errado.

Vereda longa e sinuosa

*Quando dentro de mim me esmorece o espírito,
conheces a minha vereda.*

—SALMO 142:3

À s vezes, os caminhos da vida parecem impossivelmente íngremes e longos. Não tenho forças, nem vontade, para a jornada. Então, me lembro de que Deus conhecia esse caminho muito antes de eu ser chamado para percorrê-lo. Ele sempre soube das dificuldades pelas quais eu passaria, a dor que não conseguiria explicar aos outros. Ele sabe e oferece a Sua presença.

Talvez, hoje você se sinta oprimida por tristezas. Elas podem vir do resultado de um ministério difícil; da preocupação com um casamento problemático; de ver uma criança sofrendo; do cuidado de um parente envelhecendo; ou outros problemas que a vida apresenta. "Certamente", diz você, "Deus não me faria andar dessa maneira. Deve haver outro caminho mais fácil de percorrer."

Mas será que alguém entre nós é sábio o suficiente para conhecer alguma outra maneira de nos transformarmos em filhos melhores e mais sensatos? Não, apenas o nosso Pai celestial conhece o melhor de todos os caminhos possíveis para nos levar à realização (Salmo 142:3).

Seus caminhos são mais altos do que os nossos caminhos; Seus pensamentos são mais altos do que os nossos pensamentos (Isaías 55:9). Podemos tomar humildemente o caminho que Ele traçou para nós hoje, com absoluta confiança em Sua infinita sabedoria e amor. Ele é mais sábio e mais amoroso do que podemos imaginar. O Senhor é aquele que vê, que anteviu e que não nos desviará do caminho. —*DHR*

Leitura bíblica de hoje: Salmo 142

[1]Ao SENHOR ergo a minha voz e clamo, com a minha voz suplico ao SENHOR. [2]Derramo perante ele a minha queixa, à sua presença exponho a minha tribulação. [3]Quando dentro de mim me esmorece o espírito, conheces a minha vereda. No caminho em que ando, me ocultam armadilha. [4]Olha à minha direita e vê, pois não há quem me reconheça, nenhum lugar de refúgio, ninguém que por mim se interesse. [5]A ti clamo, SENHOR, e digo: tu és o meu refúgio, o meu quinhão na terra dos viventes. [6]Atende o meu clamor, pois me vejo muito fraco. Livra-me dos meus perseguidores, porque são mais fortes do que eu. [7]Tira a minha alma do cárcere, para que eu dê graças ao teu nome; os justos me rodearão, quando me fizeres esse bem.

As vidas destruídas podem se tornar abençoadas se permitirmos que Deus as conserte.

Artífice-Mestre

Como o vaso que o oleiro fazia [...]
tornou a fazer dele outro vaso, segundo bem lhe pareceu.
—JEREMIAS 18:4

Quando minha esposa e eu noivamos, o pai dela nos deu um presente de casamento muito especial. Como relojoeiro e joalheiro, ele fez as nossas alianças de casamento. Para fazer a minha, o meu sogro usou pedaços de ouro que eram sobras de outros anéis — restos que eram aparentemente sem muito valor. Mas nas mãos desse artífice, aqueles pedaços se tornaram um objeto de beleza que eu aprecio até hoje. É surpreendente o que um artífice-mestre pode fazer com aquilo que os outros consideram inútil.

É assim que Deus trabalha em nossas vidas. Ele é o maior Artífice-Mestre de todos, e junta os pedaços gastos e os cacos quebrados de nossas vidas, restaurando-os em algo de valor e significado. O profeta Jeremias faz uma descrição interessante ao comparar o trabalho de Deus com o trabalho do oleiro: "Como o vaso que o oleiro fazia de barro se lhe estragou na mão, tornou a fazer dele outro vaso, segundo bem lhe pareceu" (Jeremias 18:4).

Não importam as confusões em nossa vida, Deus pode remodelar-nos em vasos que sejam bons aos Seus olhos. Ao confessarmos qualquer pecado e nos submetermos em obediência à Sua Palavra, permitimos que o Mestre faça o Seu trabalho redentor em nossa vida (2 Timóteo 2:21). Essa é a única maneira de reaproveitar e transformar os cacos em pedaços inteiros e bons novamente. —*WEC*

Leitura bíblica de hoje: Jeremias 18:1-10

¹Palavra do Senhor que veio a Jeremias, dizendo: ²Dispõe-te, e desce à casa do oleiro, e lá ouvirás as minhas palavras. ³Desci à casa do oleiro, e eis que ele estava entregue à sua obra sobre as rodas. ⁴Como o vaso que o oleiro fazia de barro se lhe estragou na mão, tornou a fazer dele outro vaso, segundo bem lhe pareceu. ⁵Então, veio a mim a palavra do Senhor: ⁶Não poderei eu fazer de vós como fez este oleiro, ó casa de Israel? – diz o Senhor; eis que, como o barro na mão do oleiro, assim sois vós na minha mão, ó casa de Israel. ⁷No momento em que eu falar acerca de uma nação ou de um reino para o arrancar, derribar e destruir, ⁸se a tal nação se converter da maldade contra a qual eu falei, também eu me arrependerei do mal que pensava fazer-lhe. ⁹E, no momento em que eu falar acerca de uma nação ou de um reino, para o edificar e plantar, ¹⁰se ele fizer o que é mau perante mim e não der ouvidos à minha voz, então, me arrependerei do bem que houvera dito lhe faria.

Jesus quer que amemos as pessoas como Ele as ama.

Moeda de Deus

*Pois será como um homem que, ausentando-se do país,
chamou os seus servos e lhes confiou os seus bens.*
—MATEUS 25:14

As roupas embaladas, os cartões médicos separados em caso de emergência, e as lista de instruções estava dobrada num envelope. Meus sogros, eficientes e capazes, tinham cuidado de nossos filhos em outras ocasiões, mas queríamos que soubessem que queríamos que os cuidassem como nós.

Antes de partir, Jesus investiu os Seus dias ensinando os Seus seguidores o que deviam lembrar-se. Ele viera para mudar o mundo, e para que eles levassem avante essa mensagem, Jesus teria que mudar a razão de viver e o foco da atenção de cada um deles (Mateus 6:19-21).

Às vezes, imaginamos que Jesus fala sobre os nossos dons espirituais na parábola dos talentos. Advertimos uns aos outros para que os usemos para o Mestre e para que não sejam enterrados por medo. Mas o contexto destas parábolas oferece outro aspecto.

Jesus pensava em Seu eventual retorno (Mateus 25:1-13). Ele nos alerta para a Sua volta, pois os que não estiverem prontos serão excluídos da celebração. Vemos isso na parábola dos talentos, na história de Zaqueu e na declaração de Jesus: "Porque o Filho do Homem veio buscar e salvar o perdido" (Lucas 19:10-27).

Para saber se estamos sendo bons mordomos, precisamos conhecer a "Sua moeda". Jesus valorizava as pessoas.

Ele quer que saibamos comercializar com a Sua moeda, não apenas com a nossa. —*RF*

Leitura bíblica de hoje: Mateus 25:14-29

[14]Pois será como um homem que, ausentando-se do país, chamou os seus servos e lhes confiou os seus bens. [15]A um deu cinco talentos, a outro, dois e a outro, um, a cada um segundo a sua própria capacidade; e, então, partiu. [16]O que recebera cinco talentos saiu imediatamente a negociar com eles e ganhou outros cinco. [17]Do mesmo modo, o que recebera dois ganhou outros dois. [18]Mas o que recebera um, saindo, abriu uma cova e escondeu o dinheiro do seu senhor. [19]Depois de muito tempo, voltou o senhor daqueles servos e ajustou contas com eles. [20]Então, aproximando-se o que recebera cinco talentos, entregou outros cinco, dizendo: Senhor, confiaste-me cinco talentos; eis aqui outros cinco talentos que ganhei. [21]Disse-lhe o senhor: Muito bem, servo bom e fiel; foste fiel no pouco, sobre o muito te colocarei; entra no gozo do teu senhor. [22]E, aproximando-se também o que recebera dois talentos, disse: Senhor, dois talentos me confiaste; aqui tens outros dois que ganhei. [23]Disse-lhe o senhor: Muito bem, servo bom e fiel; foste fiel no pouco, sobre o muito te colocarei; entra no gozo do teu senhor. [24]Chegando, por fim, o que recebera um talento, disse: Senhor, sabendo que és homem severo, que ceifas onde não semeaste e ajuntas onde não espalhaste, [25]receoso, escondi na terra o teu talento; aqui tens o que é teu. [26]Respondeu-lhe, porém, o senhor: Servo mau e negligente, sabias que ceifo onde não semeei e ajunto onde não espalhei? [27]Cumpria, portanto, que entregasses o meu dinheiro aos banqueiros, e eu, ao voltar, receberia com juros o que é meu. [28]Tirai-lhe, pois, o talento e dai-o ao que tem dez. [29]Porque a todo o que tem se lhe dará, e terá em abundância; mas ao que não tem, até o que tem lhe será tirado.

Se você acha que é possível amar demais, provavelmente não ama o suficiente.

Uma proposta modesta

[Jesus] a si mesmo se humilhou,
tornando-se obediente até à morte e morte de cruz.
—FILIPENSES 2:8

Quando eu ainda era aluna na faculdade, ouvi inúmeras histórias de noivado. Meus amigos com olhos radiantes contavam sobre restaurantes pomposos, pôr do sol no topo das montanhas, passeios em carruagens. Também me lembro de uma história sobre um jovem que apenas lavou os pés de sua namorada. Sua "modesta proposta" provou que ele sabia que a humildade é essencial para um compromisso que dura a vida toda.

O apóstolo Paulo também entendeu a importância da humildade e como ela une as pessoas. Isso é de suma importância no casamento. Paulo nos aconselha a rejeitarmos os impulsos de "primeiro eu". "Nada façais por partidarismo ou vanglória, mas por humildade, considerando cada um os outros superiores a si mesmo" (Filipenses 2:3). Em vez disso, devemos valorizar o nosso cônjuge mais do que a nós mesmos, e procurar o interesse dele.

Praticar a humildade significa servir o nosso cônjuge, e nenhuma ação é pequena ou grande demais. Afinal, Jesus "humilhou-se […] até à morte e morte de cruz" (v.8). A abnegação de Jesus demonstrou o Seu amor por nós.

O que você pode fazer para servir humildemente a pessoa que ama? Talvez seja algo simples como deixar de preparar com tanta frequência algum alimento que ele não aprecie, ou cuidar do seu cônjuge durante um longo período de doença. Seja o que for, devemos colocar as necessidades de nosso cônjuge antes das nossas para confirmar o nosso compromisso mútuo através da humildade semelhante à de Cristo. *—JBS*

Leitura bíblica de hoje: Filipenses 2:1-11

[1]Se há, pois, alguma exortação em Cristo, alguma consolação de amor, alguma comunhão do Espírito, se há entranhados afetos e misericórdias, [2]completai a minha alegria, de modo que penseis a mesma coisa, tenhais o mesmo amor, sejais unidos de alma, tendo o mesmo sentimento. [3]Nada façais por partidarismo ou vanglória, mas por humildade, considerando cada um os outros superiores a si mesmo. [4]Não tenha cada um em vista o que é propriamente seu, senão também cada qual o que é dos outros. [5]Tende em vós o mesmo sentimento que houve também em Cristo Jesus, [6]pois ele, subsistindo em forma de Deus, não julgou como usurpação o ser igual a Deus; [7]antes, a si mesmo se esvaziou, assumindo a forma de servo, tornando-se em semelhança de homens; e, reconhecido em figura humana, [8]a si mesmo se humilhou, tornando-se obediente até à morte e morte de cruz. [9]Pelo que também Deus o exaltou sobremaneira e lhe deu o nome que está acima de todo nome, [10]para que ao nome de Jesus se dobre todo joelho, nos céus, na terra e debaixo da terra, [11]e toda língua confesse que Jesus Cristo é Senhor, para glória de Deus Pai.

Corações gentis são jardins; pensamentos bons, raízes; palavras amáveis, flores; atos bondosos, frutos.

Doces palavras

*Revesti-vos [...]de misericórdia, de bondade,
de humildade, de mansidão, de longanimidade.*
—COLOSSENSES 3:12

Sérgio sempre admirou o relacionamento entre seus sogros. Por isso, um dia, ele lhes perguntou o que fazia o casamento deles ser feliz e o sogro lhe respondeu: "Você precisa mantê-lo doce!".

Um dos meus amigos conclui muitas de suas notas para mim, meu marido e outros amigos, com estas palavras: "Lembrem-se de serem bons uns com os outros."

Ambos dão um ótimo conselho sobre ser gentil. As tensões diárias da vida podem, facilmente, tornar-nos irritáveis com o nosso cônjuge ou com outras pessoas. Envolvemo-nos com pequenos aborrecimentos ou criticamos hábitos de pouca importância. Deixamos escapar palavras nocivas e rudes sem pensar.

O livro de Provérbios nos aconselha sobre as palavras que usamos com os outros: "O que guarda a boca e a língua guarda a sua alma das angústias" (21:23). E traz as seguintes advertências: "A morte e a vida estão no poder da língua…" (Provérbios 18:21) e "Alguém há cuja tagarelice é como pontas de espada, mas a língua dos sábios é medicina" (Provérbios 12:18). O conselho do sogro sobre manter o casamento "doce" me faz recordar as palavras de Provérbios 16:24: "Palavras agradáveis são como favo de mel: doces para a alma e medicina para o corpo".

Senhor, enche os nossos corações com palavras que hoje serão bênção para outras pessoas. —*AMC*

Leitura bíblica de hoje: Provérbios 16:19-24

[19]Melhor é ser humilde de espírito com os humildes do que repartir o despojo com os soberbos. [20]O que atenta para o ensino acha o bem, e o que confia no Senhor, esse é feliz. [21]O sábio de coração é chamado prudente, e a doçura no falar aumenta o saber. [22]O entendimento, para aqueles que o possuem, é fonte de vida; mas, para o insensato, a sua estultícia lhe é castigo. [23]O coração do sábio é mestre de sua boca e aumenta a persuasão nos seus lábios. [24]Palavras agradáveis são como favo de mel: doces para a alma e medicina para o corpo.

Dias contados

Ensina-nos a contar os nossos dias,
para que alcancemos coração sábio.
—SALMO 90:12

Como consequência de um furacão devastador, um homem ficou do lado de fora do que sobrou de sua casa. Em meio aos escombros estavam as joias de sua mulher e os seus próprios e valorosos pertences. Todavia, o homem não tinha qualquer intenção de entrar na casa semidestruída para procurar por seus pertences, e disse: "não vale a pena morrer por isso".

Em tempos de crise, com frequência, a nossa percepção sobre o que é realmente importante na vida costuma ficar mais evidente.

No Salmo 90, "Uma oração de Moisés," este homem de Deus olha para a vida do começo ao fim. À luz da brevidade da vida (vv.4-6) e da compreensão da justa ira divina (vv.7-11), Moisés suplica a Deus por entendimento: "Ensina-nos a contar os nossos dias, para que alcancemos coração sábio" (v.12).

Moisés continua este salmo com um apelo ao amor divino: "…Tem compaixão dos teus servos. Sacia-nos de manhã com a tua benignidade…" (vv.13,14). Ele conclui com uma oração pelo futuro: "Seja sobre nós a graça do Senhor, nosso Deus; confirma sobre nós as obras das nossas mãos…" (v.17). —*DCM*

Leitura bíblica de hoje: Salmo 90:7-17

[7]Pois somos consumidos pela tua ira e pelo teu furor, conturbados. [8]Diante de ti puseste as nossas iniquidades e, sob a luz do teu rosto, os nossos pecados ocultos. [9]Pois todos os nossos dias se passam na tua ira; acabam-se os nossos anos como um breve pensamento. [10]Os dias da nossa vida sobem a setenta anos ou, em havendo vigor, a oitenta; neste caso, o melhor deles é canseira e enfado, porque tudo passa rapidamente, e nós voamos. [11]Quem conhece o poder da tua ira? E a tua cólera, segundo o temor que te é devido? [12]Ensina-nos a contar os nossos dias, para que alcancemos coração sábio. [13]Volta-te, Senhor! Até quando? Tem compaixão dos teus servos. [14]Sacia-nos de manhã com a tua benignidade, para que cantemos de júbilo e nos alegremos todos os nossos dias. [15]Alegra-nos por tantos dias quantos nos tens afligido, por tantos anos quantos suportamos a adversidade. [16]Aos teus servos apareçam as tuas obras, e a seus filhos, a tua glória. [17]Seja sobre nós a graça do Senhor, nosso Deus; confirma sobre nós as obras das nossas mãos, sim, confirma a obra das nossas mãos.

O Espírito de Deus é a maior proteção contra os perigos invisíveis do pecado.

Perigo invisível

*...cada um é tentado pela sua própria cobiça,
quando esta o atrai e seduz.*
—TIAGO 1:14

Quando eu era criança, nossa família escapou de uma "quase" tragédia. A maioria dos principais equipamentos domésticos da minha casa, bem como o aquecimento, era alimentado por gás natural. E um pequeno vazamento numa das tubulações de gás colocou a nossa vida em risco. Quando o gás entrou em nossa pequena casa, nossa família foi dominada pelos gases letais e perdemos a consciência. Se não tivéssemos sido descobertos por uma vizinha que, casualmente, veio nos visitar, todos nós poderíamos ter morrido por causa desse perigoso inimigo invisível.

Como seguidores de Cristo, nós também podemos nos encontrar rodeados de perigos invisíveis. A nociva existência da tentação e da fraqueza de nossa própria fragilidade humana pode colocar em perigo a nossa vida e os nossos relacionamentos. Diferentemente do gás natural da minha infância, porém, esses perigos invisíveis não provêm do nosso exterior — eles residem em nós. Tiago escreveu: "...cada um é tentado pela sua própria cobiça, quando esta o atrai e seduz" (Tiago 1:14).

Nossa tendência natural ao pecado, composta por pontos cegos que nos impedem de ver nossas próprias fraquezas, pode levar às escolhas tóxicas que nos arruínam. Somente submetendo-nos a Deus, quando Ele nos mostra os nossos corações em Sua Palavra (vv.23-25), podemos viver uma vida que agrada ao Mestre. —*WEC*

Leitura bíblica de hoje: Tiago 1:13-25

[13]Ninguém, ao ser tentado, diga: Sou tentado por Deus; porque Deus não pode ser tentado pelo mal e ele mesmo a ninguém tenta. [14]Ao contrário, cada um é tentado pela sua própria cobiça, quando esta o atrai e seduz. [15]Então, a cobiça, depois de haver concebido, dá à luz o pecado; e o pecado, uma vez consumado, gera a morte. [16]Não vos enganeis, meus amados irmãos. [17]Toda boa dádiva e todo dom perfeito são lá do alto, descendo do Pai das luzes, em quem não pode existir variação ou sombra de mudança. [18]Pois, segundo o seu querer, ele nos gerou pela palavra da verdade, para que fôssemos como que primícias das suas criaturas. [19]Sabeis estas coisas, meus amados irmãos. Todo homem, pois, seja pronto para ouvir, tardio para falar, tardio para se irar.

[20]Porque a ira do homem não produz a justiça de Deus. [21]Portanto, despojando-vos de toda impureza e acúmulo de maldade, acolhei, com mansidão, a palavra em vós implantada, a qual é poderosa para salvar a vossa alma. [22]Tornai-vos, pois, praticantes da palavra e não somente ouvintes, enganando-vos a vós mesmos. [23]Porque, se alguém é ouvinte da palavra e não praticante, assemelha-se ao homem que contempla, num espelho, o seu rosto natural; [24]pois a si mesmo se contempla, e se retira, e para logo se esquece de como era a sua aparência. [25]Mas aquele que considera, atentamente, na lei perfeita, lei da liberdade, e nela persevera, não sendo ouvinte negligente, mas operoso praticante, esse será bem-aventurado no que realizar.

Falar com sabedoria requer a submissão e a direção do Espírito Santo.

Respostas delicadas

A resposta delicada acalma o furor,
mas a palavra dura aumenta a raiva.
—PROVÉRBIOS 15:1 (NTLH)

Sentindo-me frustrada, joguei minha pasta sobre a mesa. Isso satisfez a minha irritação, por um instante. Minha alteração era por causa da festa da escola de minha filha. Como ela estava chateada por perder a festa devido a outro compromisso assumido anteriormente, ela descontou sua frustração em mim e irritou-se por eu mandar que cumprisse sua obrigação. Mas o meu esforço para ensinar-lhe algo foi ofuscado por minha irritação.

Por mais dedicadas que sejamos, temos momentos em que a fala é tudo, menos delicada e sábia (Provérbios 31:26). É difícil ser mãe, tão difícil quanto deixar o nosso eu de lado e ensiná-los a fazer o mesmo.

Queremos que os nossos filhos aceitem a nossa correção (Provérbios 15:5), mas, como filhos de Deus, os pais precisam acatar a correção que Ele nos traz em Sua Palavra (Hebreus 12:6). A nossa reação às situações conflitantes raramente é a delicadeza. Devemos permitir que o Espírito Santo a cultive em nossa vida (Gálatas 5:22,23).

Caminhar com as próprias forças signfica garantir que os conflitos se tornem um desafio de autoridade. A resposta delicada talvez não acabe com a raiva deles, mas refreia a nossa. Podemos permitir que as emoções nos comandem, ou andar no poder do Espírito Santo seguindo os princípios de Sua Palavra, mesmo que a nossa carne esteja exigindo o contrário (Gálatas 5:17). —*RF*

Leitura bíblica de hoje: Provérbios 15:1-16

[1]A resposta branda desvia o furor, mas a palavra dura suscita a ira. [2]A língua dos sábios adorna o conhecimento, mas a boca dos insensatos derrama a estultícia. [3]Os olhos do SENHOR estão em todo lugar, contemplando os maus e os bons. [4]A língua serena é árvore de vida, mas a perversa quebranta o espírito. [5]O insensato despreza a instrução de seu pai, mas o que atende à repreensão consegue a prudência. [6]Na casa do justo há grande tesouro, mas na renda dos perversos há perturbação. [7]A língua dos sábios derrama o conhecimento, mas o coração dos insensatos não procede assim. [8]O sacrifício dos perversos é abominável ao SENHOR, mas a oração dos retos é o seu contentamento. [9]O caminho do perverso é abominação ao SENHOR, mas este ama o que segue a justiça. [10]Disciplina rigorosa há para o que deixa a vereda, e o que odeia a repreensão morrerá. [11]O além e o abismo estão descobertos perante o SENHOR; quanto mais o coração dos filhos dos homens! [12]O escarnecedor não ama àquele que o repreende, nem se chegará para os sábios. [13]O coração alegre aformoseia o rosto, mas com a tristeza do coração o espírito se abate. [14]O coração sábio procura o conhecimento, mas a boca dos insensatos se apascenta de estultícia. [15]Todos os dias do aflito são maus, mas a alegria do coração é banquete contínuo. [16]Melhor é o pouco, havendo o temor do SENHOR, do que grande tesouro onde há inquietação.

Bem-aventurado o homem que não anda no conselho dos ímpios... SALMO 1:1

Aproximação

Que harmonia, entre Cristo e o Maligno?
Ou que união, do crente com o incrédulo?
—2 CORÍNTIOS 6:15

Meu filho gosta do Magnetix, pois as peças se atraem ou se repelem. São fáceis de montar. Para ele, elas saem de onde estão guardadas e vão para o chão, sozinhas!

Nos relacionamentos, é diferente. A Palavra de Deus nos manda buscar relacionamentos amorosos apenas com pessoas do sexo oposto e que sejam cristãos verdadeiros (2 Coríntios 6:14; 7:39).

Paulo reconhece a importância de nos relacionarmos com não-cristãos, para falar-lhes de Jesus (Colossenses 4:5,6). Porém, os limites em nossas relações são importantes, e implicam em compreender a *koinonia*. Essa palavra grega significa comunhão e envolve intimidade. Implica em comunhão íntima que permite que um receba ânimo do outro. Vai além do que conhecer alguém

A intimidade com o que não crê em Cristo pode nos influenciar a adotar outros pontos de vista e escolhas (Êxodo 23:32). Precisamos estar alertas para não compactuarmos com o pecado (Salmo 1:1). Isso inclui não tomar atitudes que neguem o chamado de Deus para aplicarmos mudanças saudáveis em nossa própria vida (Romanos 16:19).

Davi assumiu o compromisso de receber forças apenas dos que permitiram que o Senhor fosse a sua morada (Salmo 119:63). Devemos ser assim, pois as pessoas de nossa convivência influenciam a nossa capacidade de alcançarmos outros para Jesus.

—*RF*

Leitura bíblica de hoje: 2 Coríntios 6:14-18

[14]Não vos ponhais em jugo desigual com os incrédulos; porquanto que sociedade pode haver entre a justiça e a iniquidade? Ou que comunhão, da luz com as trevas? [15]Que harmonia, entre Cristo e o Maligno? Ou que união, do crente com o incrédulo? [16]Que ligação há entre o santuário de Deus e os ídolos? Porque nós somos santuário do Deus vivente, como ele próprio disse: Habitarei e andarei entre eles; serei o seu Deus, e eles serão o meu povo. [17]Por isso, retirai-vos do meio deles, separai-vos, diz o Senhor; não toqueis em coisas impuras; e eu vos receberei,[18]serei vosso Pai, e vós sereis para mim filhos e filhas, diz o Senhor Todo-Poderoso.

O nosso coração está unido pelo amor de Cristo.

União familiar

*…esforçando-vos diligentemente por preservar
a unidade do Espírito no vínculo da paz.*
—EFÉSIOS 4:3

Meu marido, meus filhos e eu temos uma tradição familiar divertida. Ela acontece quando estamos em casa e alguém grita "abraço familiar!". Habitualmente, nos encontramos na cozinha; eu abraço as crianças e meu marido envolve a todos nós com seus braços. Essa é a nossa maneira de expressar amor e desfrutar de um breve momento de união familiar.

Embora desfrutemos de abraços grupais ocasionais, nem sempre é fácil manter esse senso de unidade. Afinal de contas, cada pessoa de nossa família é singular. Temos necessidades, capacidades e pontos de vista diferentes — muito semelhante à família de Deus (Efésios 4:11,12).

A despeito de inevitáveis diferenças em relação a outros cristãos, Paulo nos chama a "…preservar a unidade do Espírito no vínculo da paz" (v.3). A harmonia com outros cristãos é importante, pois reflete a unidade entre Jesus e Seu Pai celestial. Jesus orou assim pelos cristãos: "…que todos sejam um […] como és tu, ó Pai, em mim e eu em ti…" (João 17:21).

Quando surgem os problemas na família de Deus, a Bíblia diz que devemos reagir "…com toda a humildade e mansidão, com longanimidade, suportando-vos uns aos outros em amor" (Efésios 4:2). Esta é a maneira de desfrutar a união familiar com pessoas que compartilham os fundamentos da nossa fé. —*JBS*

Leitura bíblica de hoje: Efésios 4:1-16

[1]Rogo-vos, pois, eu, o prisioneiro no Senhor, que andeis de modo digno da vocação a que fostes chamados, [2]com toda a humildade e mansidão, com longanimidade, suportando-vos uns aos outros em amor, [3]esforçando-vos diligentemente por preservar a unidade do Espírito no vínculo da paz; [4]há somente um corpo e um Espírito, como também fostes chamados numa só esperança da vossa vocação; [5]há um só Senhor, uma só fé, um só batismo; [6]um só Deus e Pai de todos, o qual é sobre todos, age por meio de todos e está em todos. [7]E a graça foi concedida a cada um de nós segundo a proporção do dom de Cristo. [8]Por isso, diz: Quando ele subiu às alturas, levou cativo o cativeiro e concedeu dons aos homens. [9]Ora, que quer dizer subiu, senão que também havia descido até às regiões inferiores da terra? [10]Aquele que desceu é também o mesmo que subiu acima de todos os céus, para encher todas as coisas. [11]E ele mesmo concedeu uns para apóstolos, outros para profetas, outros para evangelistas e outros para pastores e mestres, [12]com vistas ao aperfeiçoamento dos santos para o desempenho do seu serviço, para a edificação do corpo de Cristo, [13]até que todos cheguemos à unidade da fé e do pleno conhecimento do Filho de Deus, à perfeita varonilidade, à medida da estatura da plenitude de Cristo, [14]para que não mais sejamos como meninos, agitados de um lado para outro e levados ao redor por todo vento de doutrina, pela artimanha dos homens, pela astúcia com que induzem ao erro. [15]Mas, seguindo a verdade em amor, cresçamos em tudo naquele que é a cabeça, Cristo, [16]de quem todo o corpo, bem ajustado e consolidado pelo auxílio de toda junta, segundo a justa cooperação de cada parte, efetua o seu próprio aumento para a edificação de si mesmo em amor.

O amor de Deus confronta e corrige.

Falha no disciplinar

Toda disciplina [...] não parece ser motivo de alegria;
[...] entretanto, produz fruto de justiça.
—HEBREUS 12:11

Moramos numa área bem arborizada e recebemos pouca luz solar no verão. Mas amamos os tomates frescos e por isso decidi plantá-los em potes e colocá-los nos lugares mais ensolarados.

As plantas começaram a crescer imediatamente e muito rápidas. Fiquei muito feliz — até que percebi que este rápido crescimento era devido aos seus esforços para estar sob a luz solar que era limitada. Quando finalmente descobri o que estava acontecendo, os pés de tomates já estavam pesados demais para aguentar o seu peso. Procurei algumas estacas, levantei as plantas gentilmente, e amarrei-as verticalmente. Embora tentasse ser gentil, um dos galhos quebrou quando eu tentava arrumá-los.

Isso me fez lembrar que a disciplina deve começar antes de o caráter ser permanentemente dobrado ou torcido.

O sacerdote Eli falhou na disciplina de seus dois filhos. Quando a maldade deles se tornou tão ruim que não podia mais ignorá-la, ele tentou repreendê-los gentilmente (1 Samuel 2:24,25). Mas era tarde demais, e Deus anunciou as terríveis consequências: "Julgarei a casa [de Eli] para sempre, pela iniquidade que ele bem conhecia, porque seus filhos se fizeram execráveis, e ele não os repreendeu" (3:13).

É doloroso sermos corrigidos, mas permanecer sem correção, em última instância, nos ferirá ainda mais. —*JAL*

Leitura bíblica de hoje: 2 Samuel 13:21-29

[21]Ouvindo o rei Davi todas estas coisas, muito se lhe acendeu a ira. [22]Porém Absalão não falou com Amnom nem mal nem bem; porque odiava a Amnom, por ter este forçado a Tamar, sua irmã. [23]Passados dois anos, Absalão tosquiava em Baal-Hazor, que está junto a Efraim, e convidou Absalão todos os filhos do rei. [24]Foi ter Absalão com o rei e disse: Eis que teu servo faz a tosquia; peço que com o teu servo venham o rei e os seus servidores. [25]O rei, porém, disse a Absalão: Não, filho meu, não vamos todos juntos, para não te sermos pesados. Instou com ele Absalão, porém ele não quis ir; contudo, o abençoou. [26]Então, disse Absalão: Se não queres ir, pelo menos deixa ir conosco Amnom, meu irmão. Porém o rei lhe disse: Para que iria ele contigo? [27]Insistindo Absalão com ele, deixou ir com ele Amnom e todos os filhos do rei. [28]Absalão deu ordem aos seus moços, dizendo: Tomai sentido; quando o coração de Amnom estiver alegre de vinho, e eu vos disser: Feri a Amnom, então, o matareis. Não temais, pois não sou eu quem vo-lo ordena? Sede fortes e valentes. [29]E os moços de Absalão fizeram a Amnom como Absalão lhes havia ordenado. Então, todos os filhos do rei se levantaram, cada um montou seu mulo, e fugiram.

A mão de disciplina de Deus é mão de amor.

Um desenho dele

…porque o Senhor corrige a quem ama…
—HEBREUS 12:6

Certo dia, meu filho abriu uma caneta marca-texto de cor laranja e fez um desenho de seu pai. Com jeito infantil destacou os olhos, um nariz e uma boca, todos dentro de um círculo sobre duas longas varetas (e me informou que eram as pernas). Embora meu filho tenha recebido elogios pelo esforço, o seu desenho não capturava bem as especificidades que teriam criado uma semelhança mais próxima à aparência de meu marido: olhos azuis, um sorriso confiante e cabelos com mechas grisalhas.

Como filhos de Deus, algumas vezes também criamos imagens mentais de nosso Pai celestial que não são precisas. Podemos ver Deus como alguém severo quando Ele corrige os padrões pecaminosos em nossas vidas. E porque a disciplina é dolorosa (Hebreus 12:11), podemos presumir que a correção de Deus é uma forma de vingança divina ou o resultado de Sua ira. Na verdade, a correção do Senhor é uma prova do Seu amor por nós. A Bíblia diz: "…porque o Senhor corrige a quem ama…" (v.6). Ele nos disciplina para nosso benefício, "…a fim de sermos participantes da sua santidade" (v.10) e experimentarmos a paz que resulta de um viver correto (v.11).

Se você está enfrentando a disciplina de Deus, lembre-se de que Ele não está olhando você lá de cima com desgosto ou sacudindo Seu punho vingativo. Imagine-o como um Pai interessado, que está corrigindo a Sua filha, em quem se deleita, com amor (Provérbios 3:12). *—JBS*

Leitura bíblica de hoje: Hebreus 12:3-11

[3]Considerai, pois, atentamente, aquele que suportou tamanha oposição dos pecadores contra si mesmo, para que não vos fatigueis, desmaiando em vossa alma. [4]Ora, na vossa luta contra o pecado, ainda não tendes resistido até ao sangue [5]e estais esquecidos da exortação que, como a filhos, discorre convosco: Filho meu, não menosprezes a correção que vem do Senhor, nem desmaies quando por ele és reprovado; [6]porque o Senhor corrige a quem ama e açoita a todo filho a quem recebe. [7]É para disciplina que perseverais (Deus vos trata como filhos); pois que filho há que o pai não corrige? [8]Mas, se estais sem correção, de que todos se têm tornado participantes, logo, sois bastardos e não filhos. [9]Além disso, tínhamos os nossos pais segundo a carne, que nos corrigiam, e os respeitávamos; não havemos de estar em muito maior submissão ao Pai espiritual e, então, viveremos? [10]Pois eles nos corrigiam por pouco tempo, segundo melhor lhes parecia; Deus, porém, nos disciplina para aproveitamento, a fim de sermos participantes da sua santidade. [11]Toda disciplina, com efeito, no momento não parece ser motivo de alegria, mas de tristeza; ao depois, entretanto, produz fruto pacífico aos que têm sido por ela exercitados, fruto de justiça.

Esperar em Deus nunca é perda de tempo.

A disciplina da espera

Esperei […] pelo Senhor; ele se inclinou para mim
e me ouviu quando clamei por socorro.
—SALMO 40:1

Esperar é difícil. Esperamos nas filas de mercados, no trânsito, no consultório do médico. Brincamos com os dedos, controlamos os bocejos e nos inquietamos interiormente devido à frustração. Em outra situação, esperamos por uma carta que não vem, pelo retorno de um filho pródigo, ou pela transformação de um cônjuge. Esperamos por um filho que possamos segurar em nossos braços. Esperamos pelo desejo de nosso coração.

No Salmo 40, Davi diz: "Esperei confiantemente pelo Senhor…" No idioma original transparece a ideia de que Davi "esperou muito" para que Deus respondesse sua oração. Entretanto, ao olhar para trás, para este momento de espera, ele louva a Deus, e afirma que Deus pôs em seus lábios "…um novo cântico, um hino de louvor…" (40:3).

"Que capítulo pode ser escrito sobre a demora de Deus!", disse F. B. Meyer. "É o mistério de educar espíritos humanos na índole mais refinada que são capazes de ter." Pela disciplina da espera, podemos desenvolver as virtudes mais aquietadoras: submissão, humildade, paciência, alegre perseverança, persistência em boas realizações, virtudes que requerem mais tempo para se aprender.

O que fazer quando Deus parece não atender o desejo do nosso coração? Ele é capaz de nos ajudar a amá-lo e a confiar nele o suficiente para aceitar o Seu tempo com alegria vendo-o como uma oportunidade de desenvolver estas virtudes — e de louvá-lo.

—DHR

Leitura bíblica de hoje: Salmo 40:1-10

[1]Esperei confiantemente pelo Senhor; ele se inclinou para mim e me ouviu quando clamei por socorro. [2]Tirou-me de um poço de perdição, de um tremedal de lama; colocou-me os pés sobre uma rocha e me firmou os passos. [3]E me pôs nos lábios um novo cântico, um hino de louvor ao nosso Deus; muitos verão essas coisas, temerão e confiarão no Senhor. [4]Bem-aventurado o homem que põe no Senhor a sua confiança e não pende para os arrogantes, nem para os afeiçoados à mentira. [5]São muitas, Senhor, Deus meu, as maravilhas que tens operado e também os teus desígnios para conosco; ninguém há que se possa igualar contigo. Eu quisera anunciá-los e deles falar, mas são mais do que se pode contar. [6]Sacrifícios e ofertas não quiseste; abriste os meus ouvidos; holocaustos e ofertas pelo pecado não requeres. [7]Então, eu disse: eis aqui estou, no rolo do livro está escrito a meu respeito; [8]agrada-me fazer a tua vontade, ó Deus meu; dentro do meu coração, está a tua lei. [9]Proclamei as boas-novas de justiça o sabes, Senhor. [10]Não ocultei no coração a tua justiça; proclamei a tua fidelidade e a tua salvação; não escondi da grande congregação a tua graça e a tua verdade.

O amor a Deus conduz-se em verdade. Menos do que isso não é amor verdadeiro.

Muito amada

…não se alegra com a injustiça,
mas regozija-se com a verdade.
—1 CORÍNTIOS 13:6

Os filmes baseados em livros deixam muito a desejar, mas alguns retratam muito bem os seus adoráveis personagens. Neles, os relacionamentos revelam os desejos de cada coração: de ser amado, verdadeiramente amado. Muitas críticas nos filmes são construtivas, não significam rejeição, porém indicam que há coisas melhores.

O crescimento espiritual não acontece sem o confronto com a verdade. Em João 14:6, Jesus disse: "Eu sou o caminho, e a verdade, e a vida; ninguém vem ao Pai senão por mim." A verdade divina é inseparável do amor de Deus: exigiu o sacrifício da cruz e tornou o amor possível.

Jesus nos ama e fala conosco diretamente. Ele faz isso para que firmemos os nossos pés na rocha sólida de Sua Palavra. Ele nos quer prontas e dispostas a amar verdadeiramente ao próximo.

Não é fácil ouvir a verdade e as palavras duras ferem. No entanto, o amor subsiste aos detalhes. "O amigo quer o nosso bem, mesmo quando nos fere…" (Provérbios 27:6 NTLH). O amor anseia pela retidão e trilha o difícil caminho de falar a verdade que é bíblica. Cometemos grande injustiça com o Corpo de Cristo quando fingimos que o pecado não existe (Efésios 4:25).

Deus age em nós quando praticamos o Seu chamado à verdade de duas maneiras: devemos estar dispostas a anunciar (Provérbios 27:17) e receber (Salmo 141:5). —*RF*

Leitura bíblica de hoje: 1 Coríntios 13:3-13

[1]Ainda que eu fale as línguas dos homens e dos anjos, se não tiver amor, serei como o bronze que soa ou como o címbalo que retine. [2]Ainda que eu tenha o dom de profetizar e conheça todos os mistérios e toda a ciência; ainda que eu tenha tamanha fé, a ponto de transportar montes, se não tiver amor, nada serei. [3]E ainda que eu distribua todos os meus bens entre os pobres e ainda que entregue o meu próprio corpo para ser queimado, se não tiver amor, nada disso me aproveitará. [4]O amor é paciente, é benigno; o amor não arde em ciúmes, não se ufana, não se ensoberbece, [5]não se conduz inconvenientemente, não procura os seus interesses, não se exaspera, não se ressente do mal; [6]não se alegra com a injustiça, mas regozija-se com a verdade; [7]tudo sofre, tudo crê, tudo espera, tudo suporta. [8]O amor jamais acaba; mas, havendo profecias, desaparecerão; havendo línguas, cessarão; havendo ciência, passará; [9]porque, em parte, conhecemos e, em parte, profetizamos. [10]Quando, porém, vier o que é perfeito, então, o que é em parte será aniquilado. [11]Quando eu era menino, falava como menino, sentia como menino, pensava como menino; quando cheguei a ser homem, desisti das coisas próprias de menino. [12]Porque, agora, vemos como em espelho, obscuramente; então, veremos face a face. Agora, conheço em parte; então, conhecerei como também sou conhecido. [13]Agora, pois, permanecem a fé, a esperança e o amor, estes três; porém o maior destes é o amor.

Os cristãos são mais úteis quando suas atitudes e ações estão alinhadas às de Jesus.

Um inventário de obstáculo

Não nos julguemos mais uns aos outros; [...] tornai o propósito de não pordes tropeço [...] ao vosso irmão.
—ROMANOS 14:13

Encontrar falhas é um passatempo popular e, infelizmente, muitos de nós achamos que é fácil nos juntarmos a essa diversão. A concentração nas imperfeições dos outros é uma grande maneira de nos sentirmos melhor sobre nós mesmos. E este é exatamente o problema. Evitar as falhas que precisam ser corrigidas em nossa vida não somente retardam o nosso crescimento espiritual, mas também impedem o trabalho de Deus por nosso intermédio. A atuação de Deus em nossa vida é realçada ou obstruída pela maneira como vivemos.

Não é de admirar, então, que o apóstolo Paulo tenha feito um esforço concentrado para não darmos "...nenhum motivo de escândalo em coisa alguma..." (2 Coríntios 6:3). Para ele não havia nada mais importante do que ser usado por Cristo na vida de outras pessoas. Tudo que o atrapalhasse nisso era dispensável.

Se você quer ser autêntica e útil para Deus, faça um inventário dos obstáculos. Às vezes, os obstáculos em si podem ser legítimos, mas em certos contextos inapropriados. No entanto, o pecado é claramente um impedimento para os outros. A fofoca, difamação, orgulho, amargura, avareza, abuso, ira, egoísmo e vingança fecham o coração daqueles ao nosso redor para receber a mensagem de Deus por nosso intermédio.

Portanto, substitua as suas falhas pelas formas cativantes de Jesus. Isso permitirá que os outros vejam o Salvador "perfeito" com mais clareza. *—JMS*

Leitura bíblica de hoje: 2 Coríntios 6:3-10

[3]não dando nós nenhum motivo de escândalo em coisa alguma, para que o ministério não seja censurado. [4]Pelo contrário, em tudo recomendando-nos a nós mesmos como ministros de Deus: na muita paciência, nas aflições, nas privações, nas angústias, [5]nos açoites, nas prisões, nos tumultos, nos trabalhos, nas vigílias, nos jejuns, [6]na pureza, no saber, na longanimidade, na bondade, no Espírito Santo, no amor não fingido, [7]na palavra da verdade, no poder de Deus, pelas armas da justiça, quer ofensivas, quer defensivas; [8]por honra e por desonra, por infâmia e por boa fama, como enganadores e sendo verdadeiros; [9]como desconhecidos e, entretanto, bem conhecidos; como se estivéssemos morrendo e, contudo, eis que vivemos; como castigados, porém não mortos; [10]entristecidos, mas sempre alegres; pobres, mas enriquecendo a muitos; nada tendo, mas possuindo tudo.

Agradeça amorosamente pelos generosos presentes do Senhor.

A alegria de recordar

Bendize, ó minha alma, ao Senhor,
e não te esqueças de nem um só de seus benefícios.
—SALMO 103:2

Um velho amigo descreveu os dias em torno do seu 90.º aniversário como "um momento… para refletir, olhar no espelho retrovisor da vida e dedicar muitas horas ao que ele chama de: 'A alegria de recordar'. É tão fácil esquecer-se de todas as ocasiões em que o Senhor liderou! '…não te esqueças de nem um só de seus benefícios'" (Salmo 103:2).

Essa atitude era típica de alguém que conheci e admirei por mais de 50 anos. Em lugar de rever seus desapontamentos, sua carta era impregnada de gratidão e louvor a Deus.

Primeiro, ele recordou as misericórdias temporais do Senhor — sua boa saúde, o prazer de sua esposa e filhos, a alegria e o sucesso do trabalho, suas amizades edificantes e as oportunidades que teve de servir a Deus. Ele os considerou como presentes — nenhum merecido, mas todos gratamente recebidos.

Depois, ele reviu as misericórdias espirituais de Deus — a influência dos pais cristãos e a experiência do perdão de Deus quando aceitou a Cristo ainda adolescente. Ele concluiu com o encorajamento que recebera de igrejas, escolas e homens cristãos que se importavam e oravam uns pelos outros.

Esse é um modelo que devemos seguir regularmente — a alegria de recordar. "Bendize, ó minha alma, ao Senhor, e tudo o que há em mim bendiga ao seu santo nome" (v.1). *—DCM*

Leitura bíblica de hoje: Salmo 103:1-14

[1]Bendize, ó minha alma, ao SENHOR, e tudo o que há em mim bendiga ao seu santo nome. [2]Bendize, ó minha alma, ao SENHOR, e não te esqueças de nem um só de seus benefícios. [3]Ele é quem perdoa todas as tuas iniquidades; quem sara todas as tuas enfermidades; [4]quem da cova redime a tua vida e te coroa de graça e misericórdia; [5]quem farta de bens a tua velhice, de sorte que a tua mocidade se renova como a da águia. [6]O SENHOR faz justiça e julga a todos os oprimidos. [7]Manifestou os seus caminhos a Moisés e os seus feitos aos filhos de Israel. [8]O SENHOR é misericordioso e compassivo; longânimo e assaz benigno. [9]Não repreende perpetuamente, nem conserva para sempre a sua ira. [10]Não nos trata segundo os nossos pecados, nem nos retribui consoante as nossas iniquidades. [11]Pois quanto o céu se alteia acima da terra, assim é grande a sua misericórdia para com os que o temem. [12]Quanto dista o Oriente do Ocidente, assim afasta de nós as nossas transgressões. [13]Como um pai se compadece de seus filhos, assim o SENHOR se compadece dos que o temem. [14]Pois ele conhece a nossa estrutura e sabe que somos pó.

Preocupe-se com os pequenos pecados em sua vida, antes que eles se tornem maiores.

Pedacinhos

Assim também vós considerai-vos mortos para o pecado, mas vivos para Deus, em Cristo Jesus.
—ROMANOS 6:11

Limpar a casa não é minha atividade predileta, mas quando termino, gosto do resultado desse trabalho. O que me aborrece é a interminável arrumação anterior. Certo dia, encontrei uma peça de quebra-cabeça, fiquei tentada a jogá-la fora, pois não queria me distrair. Mas, sem ela, o quebra-cabeça ficaria incompleto para sempre e as outras peças logo iriam para o lixo.

Assim como jogar fora uma peça que sobrou, podemos querer dispensar um pequeno problema de pecado. Pensamos que o impacto será mínimo, porque parece inconsequente. Porém, devemos buscar um caráter que reflita o de Deus (Filipenses 1:6,9-11). O livro de Cântico dos Cânticos revela que temos um papel na proteção do nosso relacionamento de amor com Jesus: "Apanhai-me as raposas, as raposinhas, que devastam os vinhedos, porque as nossas vinhas estão em flor" (2:15).

Em Romanos 6:23 vemos que o salário do pecado é a morte. Qualquer pecado ao qual nos apegamos nos separa de Deus (Isaías 59:2) e traz a morte. Para cada um de nós é importante:

- *Guardar o coração.* O inimigo deseja usar nosso querer e tentações para abrir a porta ao pecado (Provérbios 4:23).
- *Confessar o pecado.* Ao admitir nossas faltas, lembramo-nos de que somos pecadoras, no entanto, com Deus, a transformação é possível (Romanos 6:7). —*RF*

Leitura bíblica de hoje: Romanos 6:1-13

[1]Que diremos, pois? Permaneceremos no pecado, para que seja a graça mais abundante? [2]De modo nenhum! Como viveremos ainda no pecado, nós os que para ele morremos? [3]Ou, porventura, ignorais que todos nós que fomos batizados em Cristo Jesus fomos batizados na sua morte? [4]Fomos, pois, sepultados com ele na morte pelo batismo; para que, como Cristo foi ressuscitado dentre os mortos pela glória do Pai, assim também andemos nós em novidade de vida. [5]Porque, se fomos unidos com ele na semelhança da sua morte, certamente, o seremos também na semelhança da sua ressurreição, [6]sabendo isto: que foi crucificado com ele o nosso velho homem, para que o corpo do pecado seja destruído, e não sirvamos o pecado como escravos; [7]porquanto quem morreu está justificado do pecado. [8]Ora, se já morremos com Cristo, cremos que também com ele viveremos, [9]sabedores de que, havendo Cristo ressuscitado dentre os mortos, já não morre; a morte já não tem domínio sobre ele. [10]Pois, quanto a ter morrido, de uma vez para sempre morreu para o pecado; mas, quanto a viver, vive para Deus. [11]Assim também vós considerai-vos mortos para o pecado, mas vivos para Deus, em Cristo Jesus. [12]Não reine, portanto, o pecado em vosso corpo mortal, de maneira que obedeçais às suas paixões; [13]nem ofereçais cada um os membros do seu corpo ao pecado, como instrumentos de iniquidade; mas oferecei-vos a Deus, como ressurretos dentre os mortos, e os vossos membros, a Deus, como instrumentos de justiça.

Após ouvirmos a Palavra de Deus, devemos nos ocupar com a obra de Deus.

Sempre em serviço

Obedecei aos vossos guias e sede submissos para com eles;
pois velam por vossa alma…
—HEBREUS 13:17

Quando os meus filhos estavam jogando fora o lixo descartável na praça de alimentação do shopping center, o mais velho quase foi atropelado por um homem que, claramente, estava numa missão. O mais novo, fazendo piada, observou: "Talvez ele tenha roubado alguma coisa." Imaginando poder usar esse momento para ensinar, eu disse: "Isso é o que a Bíblia chama julgamento." Então, ele perguntou, com um sorriso: "Por que você está sempre me pastoreando?". Após terminar de rir, disse aos meus filhos que eu nunca poderia tirar férias de pastoreá-los.

O apóstolo Paulo disse aos presbíteros de Éfeso que eles também nunca poderiam tirar férias de pastorear o povo de Deus (Atos 20). Ele estava convencido de que os falsos mestres tentariam destruir a igreja (v.29), e que os presbíteros precisavam protegê-los contra eles. Cuidar do povo de Deus inclui alimentá-los espiritualmente, conduzi-los com mansidão e exortá-los com firmeza. Os líderes da igreja devem ser motivados pelo incalculável preço que Cristo pagou na cruz (v.28).

Os líderes da igreja têm uma enorme responsabilidade de zelar por nossa alma, pois um dia, prestarão contas ao Senhor por seu trabalho entre nós. Vamos alegrá-los retribuindo à sua fiel e piedosa liderança com obediência e submissão (Hebreus 13:17). —*MLW*

Leitura bíblica de hoje: Atos 20:22-32

[22]E, agora, constrangido em meu espírito, vou para Jerusalém, não sabendo o que ali me acontecerá, [23]senão que o Espírito Santo, de cidade em cidade, me assegura que me esperam cadeias e tribulações. [24]Porém em nada considero a vida preciosa para mim mesmo, contanto que complete a minha carreira e o ministério que recebi do Senhor Jesus para testemunhar o evangelho da graça de Deus. [25]Agora, eu sei que todos vós, em cujo meio passei pregando o reino, não vereis mais o meu rosto. [26]Portanto, eu vos protesto, no dia de hoje, que estou limpo do sangue de todos; [27]porque jamais deixei de vos anunciar todo o desígnio de Deus. [28]Atendei por vós e por todo o rebanho sobre o qual o Espírito Santo vos constituiu bispos, para pastoreardes a igreja de Deus, a qual ele comprou com o seu próprio sangue. [29]Eu sei que, depois da minha partida, entre vós penetrarão lobos vorazes, que não pouparão o rebanho. [30]E que, dentre vós mesmos, se levantarão homens falando coisas pervertidas para arrastar os discípulos atrás deles. [31]Portanto, vigiai, lembrando-vos de que, por três anos, noite e dia, não cessei de admoestar, com lágrimas, a cada um. [32]Agora, pois, encomendo-vos ao Senhor e à palavra da sua graça, que tem poder para vos edificar e dar herança entre todos os que são santificados.

Toda vida é criada por Deus e ostenta o Seu autógrafo.

Cada vida, um presente

*Graças te dou, visto que por
modo assombrosamente maravilhoso me formaste…*
—SALMO 139:14

Uma jovem solteira estava grávida. E apesar de viver numa sociedade que não dava tanta importância a uma vida por nascer, ela sabiamente escolheu permitir que o seu bebê vivesse.

A criança, que ela generosamente entregou para adoção, tornou-se parte de uma amorosa família cristã que educou sua filha preciosa, amou-a e lhe mostrou o caminho para Cristo.

Antes que essa menina chegasse à idade adulta, no entanto, ela morreu. Sua morte deixou um enorme vazio em sua família, mas também deixou memórias de alegrias da infância e do seu entusiasmo juvenil. Com certeza a sua morte trouxe um enorme vazio no coração de todos que a amavam, mas imagine o que eles teriam perdido se nunca a tivessem segurado em seus braços, compartilhado sobre Jesus, rido juntos, ensinando e tratando-a com carinho.

Toda vida — toda criança — é maravilhosamente feita como amostra do trabalho manual de Deus (Salmo 139). Todo ser humano é uma imagem à semelhança de Deus (Gênesis 1:27) e um descendente de nosso primeiro pai que recebeu o fôlego divino.

A morte nos priva de certa inteireza que desejamos ter na vida, mas também nos lembra do valor de cada vida que Deus cria (Colossenses 1:16). Aprecie o dom da vida e desfrute da alegria que é o fruto do trabalho das mãos de Deus. —*JDB*

Leitura bíblica de hoje: Salmo 139:1-16

[1]SENHOR, tu me sondas e me conheces. [2]Sabes quando me assento e quando me levanto; de longe penetras os meus pensamentos. [3]Esquadrinhas o meu andar e o meu deitar e conheces todos os meus caminhos. [4]Ainda a palavra me não chegou à língua, e tu, SENHOR, já a conheces toda. [5]Tu me cercas por trás e por diante e sobre mim pões a mão. [6]Tal conhecimento é maravilhoso demais para mim: é sobremodo elevado, não o posso atingir. [7]Para onde me ausentarei do teu Espírito? Para onde fugirei da tua face? [8]Se subo aos céus, lá estás; se faço a minha cama no mais profundo abismo, lá estás também; [9]se tomo as asas da alvorada e me detenho nos confins dos mares, [10]ainda lá me haverá de guiar a tua mão, e a tua destra me susterá. [11]Se eu digo: as trevas, com efeito, me encobrirão, e a luz ao redor de mim se fará noite, [12]até as próprias trevas não te serão escuras: as trevas e a luz são a mesma coisa. [13]Pois tu formaste o meu interior, tu me teceste no seio de minha mãe. [14]Graças te dou, visto que por modo assombrosamente maravilhoso me formaste; as tuas obras são admiráveis, e a minha alma o sabe muito bem; [15]os meus ossos não te foram encobertos, quando no oculto fui formado e entretecido como nas profundezas da terra. [16]Os teus olhos me viram a substância ainda informe, e no teu livro foram escritos todos os meus dias, cada um deles escrito e determinado, quando nem um deles havia ainda.

Para a nossa salvação só existe um padrão que podemos considerar: o sangue de Jesus.

Avaliadas

*…o homem não é justificado por obras da lei,
e sim mediante a fé em Cristo Jesus…*
—GÁLATAS 2:16

Parei de trabalhar fora para ficar em casa com meus filhos, e ao voltar a lecionar vi que nem sentia a falta de corrigir trabalhos e provas. E agora, para corrigi-las estabeleci um padrão que me ajuda a avaliá-las.

Embora não recebamos notas por nossas atividades diárias, somos cercadas por avaliações de desempenho. Pelo que assistimos, compramos e postamos no Facebook podemos avaliar e ser avaliadas.

Na sociedade, as classificações determinam o valor de cada item e podemos, enganosamente, transferir este raciocínio para o nosso crescimento espiritual.

A salvação não é conquistada (Efésios 2:5-9). No entanto, a humanidade gravita ao redor daquilo que conseguimos controlar — mensuramos até as disciplinas espirituais. Na carta aos Gálatas, capítulo 2, fica claro que nenhuma quantidade de leitura da Bíblia, oração ou jejum pode conquistar qualquer parte da herança de Deus. Existe apenas uma medida dessa graça: Recebemos o que não merecemos.

As obras não levam à salvação, mas as boas obras devem fluir da vida dos salvos por Cristo (Mateus 5:16). Se compreendermos que "…ele nos salvou porque teve compaixão de nós, e não porque nós tivéssemos feito alguma coisa boa…", então que os "…que creem em Deus se interessem em usar o seu tempo fazendo o bem…" (Tito 3:5,8). —*RF*

Leitura bíblica de hoje: Gálatas 2:11-21

[11]Quando, porém, Cefas veio a Antioquia, resisti-lhe face a face, porque se tornara repreensível. [12]Com efeito, antes de chegarem alguns da parte de Tiago, comia com os gentios; quando, porém, chegaram, afastou-se e, por fim, veio a apartar-se, temendo os da circuncisão. [13]E também os demais judeus dissimularam com ele, a ponto de o próprio Barnabé ter-se deixado levar pela dissimulação deles. [14]Quando, porém, vi que não procediam corretamente segundo a verdade do evangelho, disse a Cefas, na presença de todos: se, sendo tu judeu, vives como gentio e não como judeu, por que obrigas os gentios a viverem como judeus? [15]Nós, judeus por natureza e não pecadores dentre os gentios, [16]sabendo, contudo, que o homem não é justificado por obras da lei, e sim mediante a fé em Cristo Jesus, também temos crido em Cristo Jesus, para que fôssemos justificados pela fé em Cristo e não por obras da lei, pois, por obras da lei, ninguém será justificado. [17]Mas se, procurando ser justificados em Cristo, fomos nós mesmos também achados pecadores, dar-se-á o caso de ser Cristo ministro do pecado? Certo que não! [18]Porque, se torno a edificar aquilo que destruí, a mim mesmo me constituo transgressor. [19]Porque eu, mediante a própria lei, morri para a lei, a fim de viver para Deus. Estou crucificado com Cristo; [20]logo, já não sou eu quem vive, mas Cristo vive em mim; e esse viver que, agora, tenho na carne, vivo pela fé no Filho de Deus, que me amou e a si mesmo se entregou por mim. [21]Não anulo a graça de Deus; pois, se a justiça é mediante a lei, segue-se que morreu Cristo em vão.

A verdadeira oração é um estilo de vida, não um desvio de emergência!

O dia todo com Deus

Orai sem cessar.
—1 TESSALONICENSES 5:17

O irmão Lawrence (1614–91) sentia-se intimamente próximo de Deus enquanto limpava, humildemente, as panelas e frigideiras na cozinha do mosteiro. Certamente, ele tinha os seus momentos específicos de oração devocional. Mas, o que ele considerava mais transformador em sua vida era a oração durante o dia de trabalho. Em seu clássico livro devocional *Praticando a presença de Deus* (Ed. Danprewan, 2003), ele afirma: "É um grande engano pensar que os nossos momentos de oração devem ser diferentes dos outros momentos. Devemos nos sentir tão próximos a Deus quando trabalhamos e quando oramos." Em resumo, ele defende que oremos "…sem cessar" (1 Tessalonicenses 5:17).

Esse é um lembrete útil, porque, às vezes, tendemos a setorizar nossas vidas. Talvez oremos apenas durante o culto na igreja, no pequeno grupo de estudo da Bíblia, nos devocionais familiares e em nossos momentos de meditação. Mas e durante nosso dia de trabalho? Orar no trabalho não significa que temos de cair de joelhos com as mãos entrelaçadas e orar em voz alta. No entanto, significa que as decisões de trabalho e os relacionamentos podem ser levados a Deus ao longo de todo o dia.

Onde quer que estejamos e seja o que estivermos fazendo, Deus deseja fazer parte. Quando a oração se tornar parte de todos os aspectos de nossas vidas, quem sabe o que Deus poderá fazer para Sua glória? —*HDF*

Leitura bíblica de hoje: 1 Tessalonicenses 5:12-22

[12]Agora, vos rogamos, irmãos, que acateis com apreço os que trabalham entre vós e os que vos presidem no Senhor e vos admoestam; [13]e que os tenhais com amor em máxima consideração, por causa do trabalho que realizam. Vivei em paz uns com os outros. [14]Exortamo-vos, também, irmãos, a que admoesteis os insubmissos, consoleis os desanimados, ampareis os fracos e sejais longânimos para com todos. [15]Evitai que alguém retribua a outrem mal por mal; pelo contrário, segui sempre o bem entre vós e para com todos. [16]Regozijai-vos sempre. [17]Orai sem cessar. [18]Em tudo, dai graças, porque esta é a vontade de Deus em Cristo Jesus para convosco. [19]Não apagueis o Espírito. [20]Não desprezeis as profecias; [21]julgai todas as coisas, retende o que é bom; [22]abstende-vos de toda forma de mal.

Para ser encontrado, primeiro admita estar perdido.

Achados e perdidos

… Alegrai-vos comigo,
porque achei a dracma que eu tinha perdido.
—LUCAS 15:9

Por algum tempo eu não conseguia encontrar o meu cartão de crédito. Comecei a procurá-lo freneticamente porque perder um cartão de crédito não é algo insignificante. Os pagamentos automáticos e as compras diárias seriam interrompidos até que eu tivesse outro cartão. Sem nem pensar na possibilidade de alguém tê-lo encontrado e ter feito compras à nossa custa. Senti grande alívio quando minha esposa encontrou o cartão no chão sob a mesa do computador.

No livro de Lucas 15:8-10, Cristo contou a história de algo que estava perdido — uma moeda valiosa, que equivalia ao pagamento por dias de trabalho. A mulher que a perdeu estava tão preocupada em encontrá-la que acendeu uma lâmpada, vasculhou a casa e cuidadosamente procurou-a até encontrá-la. E depois disse a suas amigas "…Alegrai-vos comigo, porque achei a dracma que eu tinha perdido" (v.9). Jesus então falou sobre a moral dessa história: "…de igual modo, há júbilo diante dos anjos de Deus por um pecador que se arrepende" (v.10).

As pessoas têm muito valor para Deus. Aquelas que não o conhecem estão perdidas em seus pecados. Cristo pagou o preço máximo ao morrer na cruz pela redenção de todos. Você conhece pessoas que estão perdidas? Peça ao Senhor por uma oportunidade para compartilhar as boas-novas com elas para que se arrependam de seus pecados e sejam encontradas por nosso Deus misericordioso. —*HDF*

Leitura bíblica de hoje: Lucas 15:4-10

[4]Qual, dentre vós, é o homem que, possuindo cem ovelhas e perdendo uma delas, não deixa no deserto as noventa e nove e vai em busca da que se perdeu, até encontrá-la? [5]Achando-a, põe-na sobre os ombros, cheio de júbilo. [6]E, indo para casa, reúne os amigos e vizinhos, dizendo-lhes: Alegrai-vos comigo, porque já achei a minha ovelha perdida. [7]Digo-vos que, assim, haverá maior júbilo no céu por um pecador que se arrepende do que por noventa e nove justos que não necessitam de arrependimento. [8]Ou qual é a mulher que, tendo dez dracmas, se perder uma, não acende a candeia, varre a casa e a procura diligentemente até encontrá-la? [9]E, tendo-a achado, reúne as amigas e vizinhas, dizendo: Alegrai-vos comigo, porque achei a dracma que eu tinha perdido. [10]Eu vos afirmo que, de igual modo, há júbilo diante dos anjos de Deus por um pecador que se arrepende.

Quem não sabe se controlar é tão sem defesa como uma cidade sem muralhas.

—Provérbios 25:28 NTLH

Restrições

Eu lhe disse que ia castigar a sua família para sempre porque os seus filhos disseram coisas más contra mim.
—1 SAMUEL 3:13 NTLH

Toda a família, inclusive os avós, foi comer pizza e jogar paintball. Sem querer, em dado momento, disparei a arma de tinta num dos membros da minha equipe, pensando que era um espião. Meu sobrinho pré-adolescente gritou, com sarcasmo: "Sou da sua equipe, gênio!". Tive de crucificar o desejo de enviá-lo para o banco.

Um dos maiores presentes que podemos dar aos filhos, é o autocontrole. Nessa sociedade de recompensas instantâneas, eles encaram desafios significativos para aprender o poder do controle. Esse problema não é novo. Eli, sacerdote de Israel durante a infância de Samuel, teve dois filhos que "…não se importavam com o SENHOR" (1 Samuel 2:12). Eles nada negavam a si mesmos e Eli pouco fez para impedi-los.

Se pensarmos que impondo limites, reprimiremos a capacidade de autoexpressão de nossos filhos, eles terão uma definição errada sobre o amor (Hebreus 12:6). Evitar dizer "não" não os protege contra as coisas desagradáveis da vida; ao contrário, desprotege-os.

Medimos a nossa maturidade por nossa reação à adversidade não por idade ou conhecimento. Exatamente como o atleta ou artista se prende aos benefícios da disciplina e ao mesmo tempo compreende o seu custo, devemos buscar oportunidades de dizer "sim" a nossos filhos, sem evitar os momentos que precisamos dizer "não". —*RF*

Leitura bíblica de hoje: 1 Samuel 3:1-14

[1]O jovem Samuel servia ao Senhor, perante Eli. Naqueles dias, a palavra do Senhor era mui rara; as visões não eram frequentes. [2]Certo dia, estando deitado no lugar costumado o sacerdote Eli, cujos olhos já começavam a escurecer-se, a ponto de não poder ver, [3]e tendo-se deitado também Samuel, no templo do Senhor, em que estava a arca, antes que a lâmpada de Deus se apagasse, [4]o Senhor chamou o menino: Samuel, Samuel! Este respondeu: Eis-me aqui! [5]Correu a Eli e disse: Eis-me aqui, pois tu me chamaste. Mas ele disse: Não te chamei; torna a deitar-te. Ele se foi e se deitou. [6]Tornou o Senhor a chamar: Samuel! Este se levantou, foi a Eli e disse: Eis-me aqui, pois tu me chamaste. Mas ele disse: Não te chamei, meu filho, torna a deitar-te. [7]Porém Samuel ainda não conhecia o Senhor, e ainda não lhe tinha sido manifestada a palavra do Senhor. [8]O Senhor, pois, tornou a chamar a Samuel, terceira vez, e ele se levantou, e foi a Eli, e disse: Eis-me aqui, pois tu me chamaste. Então, entendeu Eli que era o Senhor quem chamava o jovem. [9]Por isso, Eli disse a Samuel: Vai deitar-te; se alguém te chamar, dirás: Fala, Senhor, porque o teu servo ouve. E foi Samuel para o seu lugar e se deitou. [10]Então, veio o Senhor, e ali esteve, e chamou como das outras vezes: Samuel, Samuel! Este respondeu: Fala, porque o teu servo ouve. [11]Disse o Senhor a Samuel: Eis que vou fazer uma coisa em Israel, a qual todo o que a ouvir lhe tinirão ambos os ouvidos. [12]Naquele dia, suscitarei contra Eli tudo quanto tenho falado com respeito à sua casa; começarei e o cumprirei. [13]Porque já lhe disse que julgarei a sua casa para sempre, pela iniquidade que ele bem conhecia, porque seus filhos se fizeram execráveis, e ele os não repreendeu. [14]Portanto, jurei à casa de Eli que nunca lhe será expiada a iniquidade, nem com sacrifício, nem com oferta de manjares.

Podemos ser pacificadores para Deus. A paz que vem de Deus excede todo o entendimento.

Vizinhança legal

*...o reino de Deus não é comida nem bebida, mas justiça,
e paz, e alegria no Espírito Santo.*
—ROMANOS 14:17

O lugar em que você vive tem a sua maneira de fazer certas exigências sobre o seu modo de viver. No bairro onde moro, o caminhão do lixo passa na manhã de terça-feira, e sou responsável por colocar a lata de lixo próximo ao meio-fio na noite anterior. Deixar o lixo acumular-se na calçada durante dias não deixa os vizinhos felizes. E temos muitas crianças que brincam fora de casa, e as placas de sinalização estão em toda parte para lembrar os motoristas de diminuir a velocidade. Isso significa que dirijo devagar e presto atenção nos pequenos que, sem olhar, correm atrás de bolas que foram parar no meio da rua.

É importante nos lembrarmos que Deus nos colocou no "...reino do Filho..." (Colossenses 1:13). Viver em Sua vizinhança significa que existem padrões de comportamento transformadores da vida, que devem refletir claramente a nossa condição espiritual. Por essa razão, Paulo nos recorda de que o reino de Deus não diz respeito a discutir e contender sobre coisas terrenas, mas sobre "...justiça, e paz, e alegria..." (Romanos 14:17). A vida no reino significa viver pelos padrões corretos de Deus; para ser um pacificador e fonte de alegria em nossos relacionamentos. E, quando vivemos assim, nossas vidas agradam a Deus e abençoam as outras pessoas (v.18).

Parece o tipo de vizinhança em que qualquer um gostaria muito de viver! *—JMS*

Leitura bíblica de hoje: Romanos 14:13-23

[13]Não nos julguemos mais uns aos outros; pelo contrário, tomai o propósito de não pordes tropeço ou escândalo ao vosso irmão. [14]Eu sei e estou persuadido, no Senhor Jesus, de que nenhuma coisa é de si mesma impura, salvo para aquele que assim a considera; para esse é impura. [15]Se, por causa de comida, o teu irmão se entristece, já não andas segundo o amor fraternal. Por causa da tua comida, não faças perecer aquele a favor de quem Cristo morreu. [16]Não seja, pois, vituperado o vosso bem. [17]Porque o reino de Deus não é comida nem bebida, mas justiça, e paz, e alegria no Espírito Santo. [18]Aquele que deste modo serve a Cristo é agradável a Deus e aprovado pelos homens. [19]Assim, pois, seguimos as coisas da paz e também as da edificação de uns para com os outros. [20]Não destruas a obra de Deus por causa da comida. Todas as coisas, na verdade, são limpas, mas é mau para o homem o comer com escândalo. [21]É bom não comer carne, nem beber vinho, nem fazer qualquer outra coisa com que teu irmão venha a tropeçar [ou se ofender ou se enfraquecer]. [22]A fé que tens, tem-na para ti mesmo perante Deus. Bem-aventurado é aquele que não se condena naquilo que aprova. [23]Mas aquele que tem dúvidas é condenado se comer, porque o que faz não provém de fé; e tudo o que não provém de fé é pecado.

O maior Presente de Deus deve fazer aflorar a nossa mais profunda gratidão.

Silenciosa gratidão

*Rendei graças ao S*ENHOR*, porque ele é bom [...].*
*Digam-no os remidos do S*ENHOR*...*
—SALMO 107:1-2

O motivo do agradecimento é permitir que o presenteador saiba o quanto você aprecia o que recebeu. O autor G. B. Stern disse: "Gratidão silenciosa não tem muita utilidade para ninguém."

Quando o nosso filho era mais jovem, às vezes ele precisava ser lembrado de que evitar o contato visual, olhar para os pés e balbuciar algumas palavras ininteligíveis não era um "agradecimento" aceitável. E, após muitos anos de casamento, meu marido e eu ainda estamos aprendendo que é importante expressarmos continuamente a nossa gratidão mútua. Quando um de nós se sente agradecido, tentamos verbalizar isso — mesmo já tendo dito o mesmo em muitas outras ocasiões similares. William Arthur Ward disse: "Sentir gratidão e não expressá-la é como embrulhar um presente e não entregar."

Demonstrar a nossa gratidão é, obviamente, importante nas relações humanas, mas é ainda mais essencial em nosso relacionamento com Deus. Ao recordarmos as muitas bênçãos que recebemos, expressamos a nossa gratidão a Ele ao longo do dia? E quando pensamos no maravilhoso presente da Sua morte e ressurreição pelo perdão dos nossos pecados, nossos corações transbordam de alegria e ação de graças (Romanos 6:23; 2 Coríntios 9:15)?

Coloque diariamente em seu coração o lembrete do Salmo 107:1: "Rendei graças ao SENHOR, porque ele é bom..."!
—CHK

Leitura bíblica de hoje: Salmo 107:31-43

[31]Rendam graças ao Senhor por sua bondade e por suas maravilhas para com os filhos dos homens! [32]Exaltem-no também na assembleia do povo e o glorifiquem no conselho dos anciãos. [33]Ele converteu rios em desertos e mananciais, em terra seca; [34]terra frutífera, em deserto salgado, por causa da maldade dos seus habitantes. [35]Converteu o deserto em lençóis de água e a terra seca, em mananciais. [36]Estabeleceu aí os famintos, os quais edificaram uma cidade em que habitassem. [37]Semearam campos, e plantaram vinhas, e tiveram fartas colheitas. [38]Ele os abençoou, de sorte que se multiplicaram muito; e o gado deles não diminuiu. [39]Mas tornaram a reduzir-se e foram humilhados pela opressão, pela adversidade e pelo sofrimento. [40]Lança ele o desprezo sobre os príncipes e os faz andar errantes, onde não há caminho. [41]Mas levanta da opressão o necessitado, para um alto retiro, e lhe prospera famílias como rebanhos. [42]Os retos veem isso e se alegram, mas o ímpio por toda parte fecha a boca. [43]Quem é sábio atente para essas coisas e considere as misericórdias do Senhor.

Alinhar o nosso coração ao de Deus permite que iniciemos a cura e a restauração.

Laços de família

*Eles viram José de longe e, antes que chegasse perto,
começaram a fazer planos para matá-lo.*
—GÊNESIS 37:18 (NTLH)

Minha irmã e eu fizemos uma guerra de água, em vez de lavarmos os pratos. Eu estava determinada a vencer e, na empolgação ela quebrou os seus óculos. A punição viria mais tarde, com certeza absoluta.

A família foi planejada por Deus e traz sentido à nossa identidade. Nela, descobrimos nossos gostos, habilidades e como nos relacionarmos uns com os outros. Ali enfrentamos os primeiros conflitos e lidamos com os ressentimentos que nos fazem crer em falsos conceitos sobre nós mesmas.

Na história de José, muitas vezes nos concentramos nos sofrimentos que ele enfrentou pelo ciúme dos irmãos. Porém, essa mesma história também nos ensina sobre o perdão (Gênesis 50:20,21), e como as questões familiares atingem o coração.

José era o primogênito da esposa favorita de Jacó (Gênesis 30:21-24), era o filho predileto e seus irmãos sabiam disso (v.4). Uma coisa é enfrentar a desaprovação dos pais por algo que se tenha feito, outra é sentir-se um fracassado por ter nascido da mulher errada (v.2). Crendo que Jacó os tinha rejeitado, os irmãos de José se vingaram (vv.20-24).

Desde o início da criação, os relacionamentos familiares são difíceis e os conflitos são inevitáveis (Gênesis 4:8). O inimigo age na natureza pecaminosa do homem e coloca os membros de uma família uns contra os outros (Miqueias 7:6).

Se reagíamos às mágoas, magoando os outros só perpetuamos o ciclo (Lucas 1:17). —RF

Leitura bíblica de hoje: Gênesis 37:1-4,13-20

¹Habitou Jacó na terra das peregrinações de seu pai, na terra de Canaã. ²Esta é a história de Jacó. Tendo José dezessete anos, apascentava os rebanhos com seus irmãos; sendo ainda jovem, acompanhava os filhos de Bila e os filhos de Zilpa, mulheres de seu pai; e trazia más notícias deles a seu pai. ³Ora, Israel amava mais a José que a todos os seus filhos, porque era filho da sua velhice; e fez-lhe uma túnica talar de mangas compridas. ⁴Vendo, pois, seus irmãos que o pai o amava mais que a todos os outros filhos, odiaram-no e já não lhe podiam falar pacificamente.

¹³perguntou Israel a José: Não apascentam teus irmãos o rebanho em Siquém? Vem, enviar-te-ei a eles. Respondeu-lhe José: Eis-me aqui.

¹⁴Disse-lhe Israel: Vai, agora, e vê se vão bem teus irmãos e o rebanho; e traze-me notícias. Assim, o enviou do vale de Hebrom, e ele foi a Siquém. ¹⁵E um homem encontrou a José, que andava errante pelo campo, e lhe perguntou: Que procuras? ¹⁶Respondeu: Procuro meus irmãos; dize-me: Onde apascentam eles o rebanho? ¹⁷Disse-lhe o homem: Foram-se daqui, pois ouvi-os dizer: Vamos a Dotã. Então, seguiu José atrás dos irmãos e os achou em Dotã. ¹⁸De longe o viram e, antes que chegasse, conspiraram contra ele para o matar. ¹⁹E dizia um ao outro: Vem lá o tal sonhador! ²⁰Vinde, pois, agora, matemo-lo e lancemo-lo numa destas cisternas; e diremos: Um animal selvagem o comeu; e vejamos em que lhe darão os sonhos.

Pela misericórdia de Deus, sejamos cristãs fervorosas, e sirvamos a Jesus apaixonadamente.

Zelosa por Jesus

No zelo, não sejais remissos;
sede fervorosos de espírito, servindo ao Senhor.
—ROMANOS 12:11

Todas nós somos capazes de ser zelosas, independentemente de nosso tipo de personalidade. Até a mais fleumática pode ser apaixonada por algo. A questão não é se alguém pode ou não ser zelosa, mas em quê?

O apóstolo Paulo nos ensina a sermos fervorosas ao servir ao Senhor. John Piper parafraseou assim: "Trabalhe para Cristo, apaixonadamente e muito." As palavras "…sede fervorosos de espírito, servindo ao Senhor" enfatizam a diligência e a dedicação. Será que somos eficientes ou procrastinadoras? Esforçamo-nos por fazer a Sua vontade ou desistimos na metade do caminho?

Trabalhe muito para o Senhor, apaixonadamente, não sendo ranzinza. Se você serve de coração apaixonado, não considera o número de horas que trabalhou para o Mestre. Você se dispõe a fazer mais, sem reclamar ou protestar? O motivo é simples: servir a Jesus é o maior privilégio do Universo para os seres humanos.

Na biografia de Billy Graham, escrita por John Pollock, está descrita uma conversa entre Billy Graham e o presidente norte-americano, Lyndon B. Johnson. O presidente perguntou ao conferencista, seu amigo durante muitos anos, qual cargo ele gostaria de ter em sua administração. Billy Graham respondeu: "Senhor, creio que Jesus Cristo me chamou para pregar o Seu evangelho. E esse é o maior chamado que qualquer homem poderia ter na Terra.". *—PFC*

Leitura bíblica de hoje: Romanos 12:9-21; 1 Coríntios 15:10

[9]O amor seja sem hipocrisia. Detestai o mal, apegando-vos ao bem. [10]Amai-vos cordialmente uns aos outros com amor fraternal, preferindo-vos em honra uns aos outros. [11]No zelo, não sejais remissos; sede fervorosos de espírito, servindo ao Senhor; [12]regozijai-vos na esperança, sede pacientes na tribulação, na oração, perseverantes; [13]compartilhai as necessidades dos santos; praticai a hospitalidade; [14]abençoai os que vos perseguem, abençoai e não amaldiçoeis. [15]Alegrai-vos com os que se alegram e chorai com os que choram. [16]Tende o mesmo sentimento uns para com os outros; em lugar de serdes orgulhosos, condescendei com o que é humilde; não sejais sábios aos vossos próprios olhos. [17]Não torneis a ninguém mal por mal; esforçai-vos por fazer o bem perante todos os homens; [18]se possível, quanto depender de vós, tende paz com todos os homens; [19]não vos vingueis a vós mesmos, amados, mas dai lugar à ira; porque está escrito: A mim me pertence a vingança; eu é que retribuirei, diz o Senhor. [20]Pelo contrário, se o teu inimigo tiver fome, dá-lhe de comer; se tiver sede, dá-lhe de beber; porque, fazendo isto, amontoarás brasas vivas sobre a sua cabeça. [21]Não te deixes vencer do mal, mas vence o mal com o bem.

[10]Mas, pela graça de Deus, sou o que sou; e a sua graça, que me foi concedida, não se tornou vã; antes, trabalhei muito mais do que todos eles; todavia, não eu, mas a graça de Deus comigo.

© 2017 Ministérios Pão Diário. Todos os direitos reservados.

Escritores:
Anne M. Cetas • Cindy Hess Kasper • Dave Branon • David C. McCasland • David H. Roper H.
Dennis Fisher • Herb Vander Lugt • Jennifer Benson Schuldt • Joanie E. Yoder
Joseph M. Stowell • Julie Ackerman Link • Keila Ochoa • Marion Stroud • Marvin L. Williams
Poh Fang Chia • Regina Franklin • Ruth O'Reilly-Smith • William E. Crowder

Coordenação editorial: Dayse Fontoura
Tradução: editores do *Pão Diário* e *Nosso Andar Diário*
Revisão: Dayse Fontoura, Rita Rosário, Thaís Soler, Lozane Winter
Adaptação e edição: Rita Rosário
Projeto gráfico e diagramação: Audrey Novac Ribeiro
Imagem: freepik.com

Referências Bíblicas:
Exceto se indicado o contrário, as citações bíblicas são extraídas da Edição Revista e
Atualizada de João F. de Almeida © 2009 Sociedade Bíblica do Brasil.

Proibida a reprodução total ou parcial, sem prévia autorização, por escrito, da editora. Todos
os direitos reservados e protegidos pela Lei 9.610, de 19/02/1998.

Pedidos de permissão para usar citações deste livreto devem ser direcionados a
permissao@paodiario.org

Publicações Pão Diário
Caixa Postal 9740, 82620-981 Curitiba/PR, Brasil
publicacoes@paodiario.org
www.publicacaoespaodiario.com.br
Telefone: (41) 3257-4028

Código: MH183
ISBN: 978-1-68043-303-6

1.ª edição: 2017 • 3.ª impressão: 2025

Impresso na China